海南省普通本科高校应用型试点转型专业（休闲体育）阶段性研究成果

U0572568

旅游景区

购物行为意向影响机制研究

基于体验价值、
地方依恋与真实性感知视角

贾朋社　徐晴 著

辽宁人民出版社

图书在版编目（CIP）数据

旅游景区购物行为意向影响机制研究：基于体验价值、地方依恋与真实性感知视角 / 贾朋社，徐晴著. —沈阳：辽宁人民出版社，2023.6

ISBN 978-7-205-10732-1

Ⅰ.①旅… Ⅱ.①贾… ②徐… Ⅲ.①旅游区—消费者行为论—影响因素—研究—中国 Ⅳ.①F592

中国国家版本馆 CIP 数据核字（2023）第 042862 号

出版发行：辽宁人民出版社
　　　　　地址：沈阳市和平区十一纬路 25 号　邮编：110003
　　　　　电话：024-23284321（邮 购）　　024-23284324（发行部）
　　　　　传真：024-23284191（发行部）　　024-23284304（办公室）
　　　　　http://www.lnpph.com.cn
印　　刷：辽宁新华印务有限公司
幅面尺寸：185 mm × 260 mm
印　　张：11.5
字　　数：200 千字
出版时间：2023 年 6 月第 1 版
印刷时间：2023 年 6 月第 1 次印刷
责任编辑：赵维宁
封面设计：张　鑫
版式设计：辽宁文脉
责任校对：吴艳杰
书　　号：ISBN 978-7-205-10732-1

定　　价：68.00 元

序　言

伴随着全球经济不断发展，人们收入和闲暇时间增多，物质生活水平不断提高，人们越来越重视精神生活的享受，旅游成为生活消费的重要部分。进入21世纪，随着旅游需求的增加，旅游业逐渐成为世界上规模最大和发展势头最强劲的产业之一，其发展速度之快、产业带动力之强，使许多国家和地区将其作为经济发展的重点产业和先导产业。当前，随着我国社会主要矛盾变化、产业供给侧改革，以及交通、科技、信息技术等提升，我国旅游业正经历着巨大的变革。纵观旅游业的发展，旅游大众化时代已经开启，旅游的动机和需求更加多元，旅游从团队游转化为更多的自由行，从观光游览转入深层体验，从度假休闲到旅游购物，旅游消费更加个性，对旅游品质提出更高要求。

面对旅游业发展的新变化和市场的新需求，紧紧围绕旅游吃、住、行、游、购、娱六大要素，精细设计旅游发展的各个环节，推动行业联合与深层互动是助推旅游业可持续发展的重要基础。在此视野下，作者不但看到了改革开放以来我国旅游业快速发展带来的经济促进，也发现了旅游业粗放式发展对环境、文化等造成的深层破坏，更注意到全球化进程中国内外游客持续旺盛和多元的旅游需求。在此背景下，如何发展旅游产业、发展什么样的旅游经济，可以既解决当下旅游业发展中出现的问题，又能推动区域经济社会的可持续发展？带着这一问题，作者通过文献研究发现，这些问题在我国少数民族聚居区域和民族旅游上表现得尤为突出。

我国少数民族较多，每个民族都拥有自己特色的、丰富的民族文化资源，但与此同时，这些区域也是我国经济相对落后、民族旅游业发展不深入的区域。从效益的角度看，在民族区域发展民族旅游，既可以扩大整个旅游业收入，还可以促进民族文化技术保护与传承，更重要的是可以促进民族地区产业振兴、经济社会发展和实现边疆地区社会稳定，整体服务国家战略。其中，民族旅游景区是民族旅游的重要载体与平台，而重要手段是发展民族旅游景区购物。旅游购物是促进旅游收入的重要手段，且旅游购物具有较多的自主选择性，对于旅游企业或经营者而言具有更大的市场空间，对旅游目的地、旅游产业而言具有可继续挖掘的潜力。

但从发展的现状看，当前我国的旅游购物研究多集中于旅游商品的研究，忽视了旅游购物的决策关键在于旅游者本身，尤其是当前体验经济时代，旅游者的体验价值及因此产生的内在心理过程与决策，对旅游者购物行为意向具有不可忽视的作用。在此背景下，作者立足于旅游购物行为意向的这一特定视角，以及旅游者的主体作用，引入心理学领域的"刺激—机体—反应（S-O-R）"理论，遴选了体验价值、地方依恋、真实性感知这三个与旅游者行为决策紧密相关的变量，构建了民族旅游景区的旅游者体验价值（刺激）、地方依恋（愉悦）/真实性感知（唤醒）、购物行为意向（行为）间的关系，综合探讨了其内在的作用机制，并以此对民族区域发展民族旅游以及景区旅游购物提供了相关建议，对进一步促进民族旅游景区及区域社会发展具有良好的推动作用。

本研究由三亚学院贾朋社博士、中教华影电影院线股份有限公司徐晴博士共同协作完成。作者引入"刺激—机体—反应（S-O-R）"理论，来研究旅游者在民族旅游景区的购物行为意向是首创的，基于研究构建的体验价值（刺激）—地方依恋（愉悦）/真实性感知（唤醒）—购物行为意向的模型也是前人未曾研究过的。在本书的具体撰写中，贾朋社负责撰写本书第二章、第四章和第五章的内容，并负责全书的统稿工作（共计15万字）；徐晴负责撰写本书第一章、第三章和第六章的内容，并进行了研究文献的综合整理（共计5万字）。

在书稿撰写过程中，作者参阅了大量相关的专业书籍以及文献资料等，在此向各位同仁表示诚挚感谢。作者力求能够通过研究准确定位现状、理清重点问题和提出有效建议，力求研究的科学性与规范性，然而受时间、资源、水平等限制，不免出现遗漏和疏忽之处，敬请各位读者和专家谅解并提出宝贵意见。

作　者
2023 年 1 月于三亚学院

摘　要

　　旅游购物是促进旅游收入的重要手段，发展民族旅游景区旅游购物，既可以扩大整个旅游业的收入，还可以促进民族文化技术保护与传承，更重要的是可以促进民族地区产业振兴和经济社会发展，整体服务国家全面建成小康社会。但从现实看，具有鲜明特色和富含吸引力的民族旅游景区购物未能得到足够重视和有效发展。从学界研究看，目前旅游购物领域多集中于旅游商品的研究，忽视了旅游购物的决策关键在于旅游者本身，尤其是当前体验经济时代，旅游者的体验价值及因此产生的内在心理过程与决策，对旅游者购物行为意向具有不可忽视的作用。立足于旅游者视角，研究影响其在民族旅游景区的购物行为意向的机制，在当前对促使民族旅游业具有重要且现实的意义，对进一步促进民族旅游景区及区域发展具有良好的推动作用。

　　本研究通过文献梳理，在消费者行为决策理论、期望价值理论、期望—差异理论、认知评价理论的支持下，提炼了影响旅游者购物行为意向的相关变量及结构性因素，引入心理学领域的"刺激—机体—反应（S-O-R）"理论，构建了民族旅游景区的旅游者体验价值、地方依恋/真实性感知、购物行为意向间的关系，并对此进行系统探讨。在借鉴前人研究成果和依据本研究需要基础上，设计和发放了调查问卷。调查问卷选取在具有良好景区和购物代表性的海南槟榔谷黎苗文化旅游区，调查对象为年满18岁、到海南槟榔谷景区游览且到访过景区三大集中购物点之一的旅游者（无论是否购物）。通过对调查所得的样本资料采用验证性因素分析、信度与效度分析对5个量表和题项（不包含个人信息）的可靠性和配适度进行分析，运用结构方程模型（路径分析）验证研究假设关系，并采用描述性统计分析、方差分析、回归分析对人口统计特征与相关变量的影响进行了检验。

结果显示，在民族旅游景区：一是旅游者的功利性体验价值、情绪性体验价值均对其地方依恋有显著正向影响；二是旅游者的功利性体验价值、情绪性体验价值均对其真实性感知有显著正向影响；三是旅游者地方依恋对其购物动机、购物意愿（偏好）均有显著正向影响；四是旅游者真实性感知对其购物动机、购物意愿（偏好）均有显著正向影响；五是从人口统计特征看，不同性别、不同年龄段、不同家庭结构、不同学历、不同月收入水平、不同购物情况的旅游者在包括自然真实性、原创真实性、独特真实性、参照真实性四个维度在内的真实性感知上没有显著差异，但不同职业的旅游者在独特真实性感知上形成显著差异；六是不同性别、不同家庭结构、不同职业、不同学历、不同月收入水平的旅游者在购物行为意向上没有显著差异，但不同年龄段的旅游者在实用型购物动机上形成显著差异，不同购物情况旅游者在享乐型购物动机、情感型购物动机、购物意愿上形成显著差异。

根据研究结论，建议民族旅游景区所在地政府、景区及购物经营企业要重视发展民族旅游景区购物市场，在景区规划、建设和市场管理、经营中，要围绕提升旅游者体验价值、地方依恋和真实性感知及水平为目标，在民族区域内对其原始风貌、历史文化、技术技艺等进行传承与保护性利用与开发，以此促进民族旅游景区、民族地区、购物市场及旅游业的和谐发展。

关键词： 民族旅游景区；体验价值；地方依恋；真实性感知

目 录

第一章 绪 论

第一节 研究背景与问题提出

一、研究背景

（一）旅游业成为我国的战略支柱性产业

旅游业是涵盖吃、住、行、游、购、娱六大要素的综合性行业，旅游业以国民经济的快速发展与国家的安全稳定为发展前提，同时又反过来以自身的良好发展成为促进国民经济发展的重要组成部分。改革开放以来，纵观我国的旅游政策，基本经历了从无到有，从不提倡到加强管理，再到鼓励积极发展，最后到目前的加快发展和大力发展的演变轨迹（易志斌，2012）。2009年，国务院发布了《关于加快发展旅游业的意见》，随后又出台了《中国旅游业"十二五"发展规划纲要》《国务院关于促进旅游业改革发展的若干意见》等，为我国旅游业加快发展指明方向和奠定基础。根据《中国旅游业统计公报》显示：2015年，我国旅游业平稳较快发展，国内旅游市场持续高速增长，入境旅游市场企稳回升，出境旅游市场增速放缓；2015年，全年全国旅游业对国内生产总值的直接贡献为3.32万亿元，占国内生产总值总量比重为4.9%；综合贡献为7.34万亿元，占国内生产总值总量的10.8%。根据《2016年中国旅游业发展报告》，我国国内旅游人次、出境旅游人次和国内旅游消费、境外旅游消费以及创造的各类就业岗位数等均列世界第一。在根据IMD国际竞争力理论，通过由经济环境、旅游产业、旅游企业、基础设施四方面竞争力组成的旅游业国际竞争力评价指标体系，对1995—2012年世界范围内的41个国家和地区旅游业国际竞争力的综合评价后，虽然认为中国旅游业国际竞争力整体处于中后位置，一直显著低于发达国家和地区水平（张汝飞、赵彦云，2014）。但根据世界经济论坛(WEF)《2015年旅游竞争力报告》显示，我国在全球旅游竞争力中的排名从2007年的第71位上升至2015年的第17位。可以看出，我国已经实现了从旅游短缺型国家到旅游大国的历史性跨越，旅游业全面融入国家战略体系，对国内生产总值的贡献率超过了教育、汽车等相关行业，成为国民经济战略性支柱产业，并步入旅游业发展的新时代。文化和旅游部提出，到2025年我国的旅游业体系更加健全，旅游业对国民经济综合贡献度不断提高，大众旅游深入发展，旅游及相关产业增加值占国内生产总值比重不断提高，国内旅游和入境旅游人次稳步增长，出境旅游健康规范发展。当前，加快推进旅游业全面发展，既是贯彻落实《"十四五"文化和旅游发展规划》等的政策举措，更是努力建成全面小康型旅游大国，将旅游业培育成促进我国经济快速发展、打赢脱贫攻坚战和推进乡村振兴战略的重要推动力。

（二）旅游购物担当促进旅游业发展的重要作用

在旅游的六要素中，旅游餐饮、住宿、交通和游览通常被定义为必然要素，这四要素是旅游活动中基本需求与刚性支出，一般不具有可选择性；而旅游购物、娱乐相对旅游者而言，具有较多的自主选择性，对于旅游企业或经营者而言具有更大的市场空间，对旅游目的地、旅游产业而言具有可继续挖掘的潜力。旅游购物是伴随旅游业发展应运而生的，关于旅游购物的研究始于20世纪80年代。从旅游购物与旅游者的角度出发，Gunadhi（1986）等研究了旅游购物对新加坡入境旅游需求弹性的影响；Heung（1998）等通过对比研究指出，我国内地和台湾地区赴香港游客持续增加的原因主要是旅游购物吸引。在旅游购物对促进目的地经济贡献方面，Finn（1995）等则研究了西艾德蒙顿大型多功能购物中心对城市旅游和区域经济的贡献；Anwar（2004）指出阿联酋迪拜利用购物节努力促销旅游以促进经济多元化和经济的成长。对于旅游购物的积极作用，国内学者通过研究提出相关观点。旅游购物对整个旅游经济甚至国民经济发展产生不可估量的作用，鉴于旅游购物对目的地的非破坏性而促使其成为旅游业可持续发展的突破口（马进甫，2006）；旅游购物具有丰富旅游活动内容、促使和满足旅游行为，促进旅游目的地社会经济发展，宣传旅游地等三大作用（俞金国、王丽华，2007）。旅游购物对丰富旅游内容、提升旅游形象、增加旅游综合效益都有极其重要的作用（徐佳、李东，2014）。在旅游业对目的地的经济贡献中，旅游购物在创汇、活跃民族地区经济、促进旅游客源地经济等方面均有积极作用和潜力，因此世界上很多旅游业发达国家和地区都把加大力度扩大旅游购物收入作为增加旅游业总收入的重要策略（石美玉，2003）。自2020年以来，受新型冠状病毒影响所带来的人员流动限制，以及民众出于安全考虑而主动减少旅游活动等因素，对全球旅游业的发展造成了巨大的负面效应，一批中小型旅游企业关闭，大批旅游从业人员失业或转行，旅游消费进入低迷期。但与此同时，伴随着物联网的发展，以及区域人员安全流动的空间仍然存在，旅游购物中的免税购物等有增无减，并成为诸多区域旅游业发展的重要支撑。在国内，伴随着自由贸易港带来的政策支持与红利，海南免税旅游乘势而上且发展迅速，免税旅游下的旅游购物发展迅速。仅2021年2月11日至17日春节期间，海南离岛免税店销售额超15亿元人民币，较2019年春节假期实现翻番，其中免税销售额约14亿元人民币，接待购物人次超20万，日均销售额超2.1亿元，与2020年国庆日均数据1.3亿元有了显著增长。这一数据，进一步凸显了旅游购物对旅游业的促进作用。

（三）作为旅游体系重要内容的旅游购物的产业贡献不大

近年来，随着大数据的应用，旅游购物在旅游业的占比与动态变化也越来越多地受到政府、行业、企业和学者们的关注。根据蚂蚁窝旅行网与中国旅游研究院发布的《全球自由行报告2015》显示，2015年国内游客自由行人次上升至32亿，占到全年总人次的80%；在出境游人数上，有67%的游客选择自由行。随着旅行方式改变、旅游消费升级等因素影响，旅游购物和品尝美食成为更多自由行游客的重要选择。根据蚂蚁窝旅行网对不同国家出境游游客的对比发现，美国游客的购物费用与餐饮、住宿比例是1∶1∶1，法国是2∶1∶1，中国则达到5∶1∶1。据此来看，我国旅游购物的占比具有相当重要的份额，但区分于国内游、出境游，以及国内游客消费和入境游消费就会很快发现：一方面国外旅游商品消费已经占到旅游业消费总量的60%~70%，而我国仅占到不足40%；另一方面我国出境游购物占到其支出的50%，而国外游客在我国入境游的购物支出占不到10%。另外，根据《2017年中国国内旅游发展年度报告》显示，旅游购物已经成为2016年占据国内第3位的旅游花费主体。但同时，根据《中国人的旅游消费账单：全球旅游消费报告2017》统计，2017年1—4月我国游客境内和境外购物消费分别为1380亿元、277.9亿元，分别比去年同期下降41.5%和37.2%。这些资料，直观凸显出作为旅游体系重要内容的旅游购物在我国的产业贡献率还不大。同期相比，我国游客在旅游文娱方面的消费却增长了3倍以上。据此分析、判断，目前我国旅游者正经历着旅游消费结构的升级和健康发展的重要时刻，旅游购物的单方下降说明了我国旅游购物乃至消费市场的吸引力不足、水平与质量有待加速提升；更重要的是相比于旅游文娱消费的3倍激增，旅游购物要想继续占据旅游业重要地位并实现对经济的更多贡献，就必须紧抓当前全球疫情影响下我国游客出入境游消费趋向成熟、回归理性的特点，以及结合不同国家和地区入境游游客的消费特点与购物习惯等，加快旅游购物的整体升级，持续挖掘我国旅游购物市场的潜力与空间，以最终促使我国"十四五"旅游业总收入和对国民经济的综合贡献度目标的双实现。

（四）以旅游者行为角度研究购物行为的系统研究成果不多

国外关于旅游购物的研究起步较早，其研究内容主要包括旅游购物的作用及评估、纪念品研究、购物空间特征研究，以及旅游购物者类型划分、购物者体验评估、购物者动机和行为研究等，其从不同角度，运用分析模型、因子分析方法等对旅游购物进行了理论和实证研究（俞金国、王丽华，2007）。纵览国外旅游购物研究，其经历了两个比较明显的阶段：第一阶段是早期研究阶段，主要焦点集中在旅游购物（品）本身；第二阶段是2000年以后至今，焦点放在旅游购物者上（陈钢华、黄远水，2007）。围绕旅游购物（品）的研究主要是立足于旅游购物本身作为旅游资源的属性，重点研究如何通过其他手段提升其吸引力以推进旅游业发展，早期研究对旅游购物相关利益群体重视旅游购物、寻找提升旅游购物（品）吸引力和质量提升具有促进意义。随着旅游业的快速发展和竞争日趋激烈，将旅游购物者的类型层次、购物动机、购物体验、购物意向、购物满意度等作为新的研究方向，在研究、了解旅游者的心理和行为动机后，通过对旅游市场的细分、对旅游购物（旅游商品、购物设施及服务人员等）质量的提升，促使旅游者在旅游购物环节中自然转换为旅游购物者，积极、主动、快速地形成购买意向和行为。对于旅游购物，国内学者从旅游商品、旅游购物行为、旅游购物市场、旅游购物产业四个方面做了集中研究（马进甫，2006）。也有围绕旅游购物的科学含义、理论框架、经济与文化解释等，对旅游购物研究进行了较为系统的理论研究与思考，指出旅游购物是包括旅游商品、旅游购物设施和人员的统一体，是重要的旅游资源，因此在旅游开发上除了开发旅游商品外，还应该着眼整个购物过程的设计和整合（石美玉，2004）。在旅游购物行为上，有研究者构建了包括体验主题和支援系统（作为强化系统的旅游商品，作为平台系统的旅游购物环境，作为引导系统的员工、交流和网络，作为保障系统的信誉和品牌）的体验式旅游购物行为体系（管婧婧，2005）。有学者围绕旅游购物者提出了体验旅游购物概念，构建了"氛围—文化—参与"的旅游购物体系（吕晓燕、赵毅，2006）。剖析了旅游者购物过程中的顾客价值（旅游体验价值和商品感知价值），发现顾客价值对提高满意度和购买意愿具有较大影响力（黄鹂、李启庚、贾国庆，2009）。这些研究为促进旅游购物和旅游业发展贡献了积极作用，但对比国外研究可以看出，目前我国关于旅游购物影响因素的研究仍存在不系统、不深入的问题，尤其是立足于旅游者行为本身研究购物行为的成果还不多；对旅游者作为旅游主体在旅游购物过程中的关键作用，对旅游者自身的旅游体验、内在情绪等因素如何影响旅游者购物行为的重视和研究还不多。

（五）引领新方向的景区购物的低迷状态与产业定位不符

长期以来，我国旅游购物存在着商品特色化不强、商品价值与价格相差较大、欺诈消费甚至强买强卖行为，这些行为经过旅游者的网上公开投诉和新闻媒体的监督传播，使得不少旅游者对旅游过程中的购物消费产生恐惧或抵触情绪，进而因为对旅游购物的风险感知，从而产生惰性消费行为。为此，国家《旅游法》中明确规定，"旅行社不得以不合理的低价组织旅游活动，诱骗旅游者，并通过安排购物或者另行付费旅游获取回扣等不正当收益。旅行社组织、接待旅游者，不得指定具体购物场所，不得安排另行付费旅游"。在此政策影响下，往常体验感较低的非自主性购物环节逐渐被具有较大吸引力和体验感的新购物行为所取代。但从实际来看，目前我国旅游业虽有长足发展，但在旅游购物开发和管理上却长期滞后，旅游商品的纪念性和体验性价值没能得到很好的体现（胡孝平、顾文君，2014）。旅游购物仍是目前我国旅游业发展的薄弱环节，是制约目前我国旅游业进一步发展的重要因素。根据《中国旅游景区研究报告（2016）》显示，2015年我国景区消费总体增长，游客对景区消费环境满意度持续提高，消费结构也发生显著变化。在景区经营绩效与财务方面，经营景气指数达到149.53，远高于饭店、旅行社等产业；景区对未来的信心值为151.18，处于旅游各业态最高水平，这充分反映了景区企业看好未来前景。在此背景下，我国旅游景区购物这一以往被忽视的环节也将面临新的机遇。但近年来，不论是否知名景区、是否提升了服务质量，通过提高景区门票价格增加旅游收入仍是近几年屡见不鲜的现象，并成为社会各界讨论的焦点。而从旅游统计和游客调查看，单纯依靠门票涨价不但无法从本质上促进旅游景区的可持续发展，而且还会起到分流客源、损害形象的负面作用。从国际上看，大多数经营成功的景区每天的收入有1/3是游客购物和额外收费项目得来的，如英国主题公园收入的40%以上来自餐饮、纪念品销售和其他服务（李兵，2008）。根据学者对北京五人景点针对国内游客进行问卷调查显示，66%的受访游客喜欢在旅游景点购物，其次是大商场、步行街和旅游定点商店等，这极大说明了旅游景区是旅游购物的重要场所，但同期游客在北京市43家主要景区的人均纪念品购买花费只有1.61元。同时，在调查中还发现，游客认为北京市的上述旅游景点的旅游商品在特色、质量、服务与价格不匹配，购物感受不佳，易使游客对购物产生戒备和抵触心理（石美玉，2005）。由此不难看出，我国旅游景区游客购物仍然低迷，核心原因是与景区及旅游商品的体验价值能否促使旅游者愉悦并进而实现积极购物或者唤醒旅游者的购物欲望密切相关。

（六）民族旅游的重要作用与地位日益凸显

旅游业能够长期可持续发展的重要因素，在于其对旅游者的长期吸引性和强劲的吸引度。改革开放以来，我国旅游业伴随世界旅游业的快速增长也得到了飞速发展，并实现了向大众旅游转化；随着国际交往的增加和日益便利，以及全面提升的国际形象和影响力，入境旅游也逐步成为我国旅游的重要组成部分，国际游客自然成为我国游客群中不可或缺的一分子。在现代旅游发展的进程中，在以自然环境为主的观光型旅游、以古人类生活或遗址为主的历史文化型旅游、以信息与科技为支撑的体验型旅游等持续发展的同时，少数民族旅游因为独具的民族特色、文化、技艺、传统和环境等引发了国内外游客的广泛兴趣，形成了强烈的吸引力，并一定程度逐步出现了少数民族旅游的热潮。在实践层面，少数民族目的地旅游以其独特的风俗习惯、日常生活习俗、浓厚的历史气息、丰富多彩的表现等越发受到各类旅游者的追求，进而引发了市场和旅游企业的关注与投入，更受到了国家和地方政府的高度重视与引导支持。尤其是伴随着乡村振兴战略的实施，以及美丽乡村建设、发展乡村旅游等具体措施的共同推进，使得民族旅游得到较快发展。当前，在我国的民族旅游发展中，少数民族文化因其多样性、独特性和文化性等，有力地促进了我国民族旅游乃至整个旅游业的发展；更为重要的是，通过发展民族旅游，不但挖掘和有效保护了少数民族的历史文化，进一步扩大了少数民族文化的传播与传承，而且通过民族旅游发展，维持了民族地区经济稳定、社会和谐、民族团结和文化交流，尤其是促进了边疆少数民族地区的和谐与发展。总体看，民族旅游在推动当地经济、社会和文化发展的作用日益凸显。

（七）民族旅游承担推进民族区域全面小康新使命

改革开放以来，旅游业的快速发展，既源于全球旅游者多元化的旅游需求、基于区域经济促进的发展需要、交通信息技术变革带来了各种便利等，同时旅游业作为现代化的一种力量，还被国家、区域、市场等划定为促进经济发展、文化传承和社会和谐的重要战略，负担起振兴边远地区和促进少数民族发展的重要使命。改革开放至今，中国经济主动适应国际和国内变革需求而蓬勃发展，但是发展失衡问题也比较突出，主要表现为东西部区域经济发展不平衡、社会阶层之间收入不平衡、城市与农村经济发展不平衡等（曹妍雪，2018）。而其中，民族区域因为地理、文化、知识、科技、交通等因素限制，在各类不均衡中表现得尤为突出。因此，我国面临着既要解决以上突出的经济性发展失衡问题，又要着力解决好少数民族区域综合发展的问题，以此才能有效推进民族区域与国家整体稳定和谐和快速发展。基于区域特征分析可以看出，受多元因素的综合影响，我国的民族地区、贫困地区具有较高的重叠性，而这些区域的资源丰富度、资源的完整性和资源的品质也比较高。因此，在民族区域发展民族旅游不但具备了良好的资源基础，重要的是发展民族旅游还现实性或理所当然地成为促进区域脱贫攻坚、有效衔接乡村振兴和推进民族区域全面小康的重要手段。就此，在2014年发布的《关于促进旅游业改革的若干意见》中明确提出了"旅游精准扶贫"，为我国民族地区脱贫致富提供了政策依据和发展方向。当前，伴随着旅游者需求多元化、个性化的发展趋势，民族区域可以借助自身悠久的民族历史传统、独特的文化记忆等，着力发展民族文化游、民族体育游、民族观赏游、民族体验游，以及借助各种传统节日打造民族节事游等多种旅游方式。在此过程中，立足于"民族旅游+"的理念，将民族旅游与乡村旅游、体育旅游、文化旅游等深度融合起来，提升民族旅游的内涵与吸引力，尤其是设计特色的旅游商品和构筑系统的旅游购物体系，在不断提升旅游者数量的同时着力提升旅游消费经济。总体而言，作为特定形式的民族旅游，需要主动承担新时代赋予的使命，担当起通过民族旅游高质量发展来促进民族区域全面小康建设的重任。

（八）民族旅游中旅游者体验价值等作用机制尚未明确

当前，民族旅游的体验方式主要有两大类：一类是以集中性、封闭性的民族旅游景区而存在，其与传统旅游景区的经营管理模式等相类似，但提供的旅游产品类型与内容独具民族特色；另一类是以相对开放式的民族建筑群为主，给予旅游者更为自由的旅游体验感，主要是通过引导旅游者更多的二次旅游消费来实现自身的持续发展。但无论哪一种类型的存在，都是极尽更多的展现方式以提升旅游者的体验价值，并尽可能多地提供二次旅游消费的渠道与空间。民族旅游的兴起从动力角度上，对于"异文化"的追求是促成旅游者旅游的"推力"，而"拉力"是旅游目的地与客源地之间存在的巨大文化差异。民族旅游以其原创的、独特的和特色风情的人文特色吸引着众多文化探索、满足精神需求型旅游者的追求（Smith，1977）。而从旅游过程看，进入体验时代的旅游者期待在每一次旅游中，能够从景区的设施设备、接待服务、产品体验以及消费购物中获得一次完美的旅游体验，并进而将这种良好的体验价值传递给自己以及周边的朋友。而现代科技与快节奏带来城市快速发展的另一面是人们开始厌倦城市的喧嚣与忙碌，对于基于工作岗位或特定生活的非自然角色普遍感到不满并期待能够逃离，在此驱动下旅游成为一场旅游者寻找"真实感""自然感"的过程，具体到民族旅游景区是期待能够通过游览体验到更多的民族"真实性"。旅游是一场从惯常居住地到旅游目的地的旅程，旅游者既基于异地性和异文化前往旅游目的地满足内心的好奇与期待，但也期待在旅游目的地的异地寻找和感受到与自己惯常居住地一样甚至于更为强烈的、正向的人和地方之间的依恋感。而在前人的相关研究中，上述关于旅游者的体验价值、真实性感知和地方依恋，其对旅游者或者旅游地居民的行为或行为意向具有一定的影响，而其对民族旅游、民族旅游景区尤其是民族旅游景区旅游者的购物行为意向是否有影响，有什么的影响，尚未有系统性的研究和明确的结果。而针对这一研究无论从理论角度或是实践探索，对旅游经济发展和民族区域整体发展都具有重要的促进作用。

（九）研究并促进民族旅游景区及购物发展是当前的应有之为

民族旅游的发展，其重要和普遍的载体是各类民族旅游景区。我国民族众多，各个民族具有独特且丰富的文化资源，为保护和传承少数民族传统文化与历史，近年来我国不少地区采取了保护性开展民族历史文化资源，形成了不少具有独特历史文化传承与底蕴的民族旅游景区，已经成为我国旅游景区发展的一大亮点。我国民族旅游景区及其各类特色服装、工艺品、药品等均具有的强烈的地域性和文化个性，其本身具有良好的旅游资源禀赋和吸引力，但从现实看，我国民族旅游景区的发展仍未能摆脱上述"人旺财不旺"的现象，民族旅游景区发展与购物市场未能实现良性互动与共同发展，存在着一方面民族旅游景区内购物市场潜力未能得到很好的重视和发掘、景区购物产品单一等导致低迷不旺，另一方面在一些民族旅游景区过分的商业化损害了民族旅游景区的特性导致购物市场萎缩的问题。在积极通过旅游产业推进民族区域精准扶贫和经济发展的大背景下，从研究领域看，针对民族旅游景区如何更好地发展购物市场的研究还不多，从如何形成旅游者在民族旅游景区的购物行为意向的研究方面还未能得到应有的重视。在当前，我国正处于"两个一百年"的重大交替阶段，国家高度重视民族区域的可持续发展，也更加重视经济社会的高质量发展，在当前主动和深入研究民族旅游整体发展，进一步了解民族旅游景区的发展困境，设计民族旅游景区购物体系，是理论研究的重要内容，更是政府和企业的应有之为。

二、问题提出

旅游购物是旅游的重要组成部分，它不仅是购买旅游商品，更属于体验旅游产品。学者们出于区分旅游购物与商业购物的目的，指出旅游购物是包括旅游活动中购买的各种实物商品的经济文化的行为，但不包括为了转卖而进行的购物行为（石美玲，2004）。要促进旅游购物，必须开发和销售本土化的旅游商品（李兵，2008）。在旅游商品分类上，有划分为旅游工艺品、旅游纪念品、文物古玩及其仿制品、土特产品、旅游日用品的"五分法"（蒋冰华，2005），也有人将其划分为非旅游商品和旅游商品。在建设旅游购物商店时在空间布局上要考虑商店与所在区域的整体性和合理性（Pearce，1999）。不同类型的旅游商品对不同人群具有不一样的吸引力，反之不同人生阅历的人对不同类型商品的购买偏好不一样（Kim，2001），不同国家、地区的人在旅游商品选择上也存在明显差异（Suh，2004）。当前，我国旅游购物市场存在的疲敝问题，主要是市场失灵（曹国新，2005）。建立适当的信息传递机制和信誉机制，是克服旅游纪念品市场困境的关键（杨勇、范方志，2006）。这些研究集中于旅游商品本身，从旅游购物及旅游商品的概念、类型、喜好、布局、市场等方面开展了研究，这些研究实质上是将旅游购物作为旅游资源去考虑，其目标是通过对上述问题的研究以切实提升旅游购物对旅游者的吸引力，却忽视了旅游购物的另一决策关键在于旅游者本身。

作为旅游的重要因素和组成，旅游购物的最终决策在于旅游者在旅游过程中综合各类影响后的自主选择与行为决策。国外学者对于旅游者购物体验的研究始于营销心理学中有关于顾客体验的研究（杨洋，2012）。来自消费者的压力将推动技术社会朝体验生产的方向发展，预先安排好的体验将成为某些行业的独家产品（Toffler，1970）。追求新奇、锻炼和体验当地风俗文化是到中国台湾旅游的人逛夜市的主要动机（Hsieh & Chang，2004）。产品的多样性、真实性、可进入性等会对旅游者的购物体验产生重要影响（Tosun，2007）。旅游购物体验是旅游活动的延续或升级，能创造出独特的顾客价值（Kristen，2006）。消费者基于对产品真实性的感知来进行消费决策，体验经济是真实性理论建构的背景，而体验则是真实性理论的主线（Gilmore & Pine，2007）。面对旅游市场监管不到位而出现的商品与价格不符的问题，旅游商品的真实性对旅游者购买行为产生影响，这种真实性既有来自旅游者个体主观的真实性感知，也有来自客体的真实性感知。在体验经济时代，消费者的关注点是商品或服务的真实性。旅游消费者的感知是有强有力的，感知影响旅游购物的行为模式（Maria，2013）。在顾客价值、满意度及行为意向之间的关系上，Oliver（1999）认为，顾客感知价值既是顾客满意度的前因，而且直接或间接影响到顾客的行为意向。也有研究认为，顾客价值通过不同维度对行为意向或满意度分别产生影响（徐伟、景奉杰，2008）。作为旅游购物的主体，准确了解和定位旅游者的购物行为特征对于研究购物意向具有积极意义。石美玉（2005）改造、创建了"刺激—反映"的旅游购物行为模式，指出了个人因素、心理因素、环境因素、参照群体和市场营销等对旅游购物行为产生影响。钱树伟等（2010）构建地方依恋对购物行为影响的结构模型对历史街区进行了实证研究，发现作为地方依恋组成的地方认同和地方依恋，其对购物动机、购物偏好、满意度和忠诚度均有不同程度的正向影响。王坤（2013）指出，旅游者对旅游地的情感会影响其对旅游目的地的认知、体验和游后行为。这些研究围绕旅游者主体，从心理学、社会学、人类学、地理学等不同角度和层面细化研究了可能对旅游者心理、行为产生影响的因素，相比较围绕旅游商品的研究又向前推进了一大步。但目前这些仍不够深入、不够系统，对旅游者行为研究存在单一角度、非系统的研究旅游商品或旅游者购物行为意向，对于促进旅游购物和旅游业发展来说是远远不够的。

　　旅游购物已经成为旅游产业中的最大变量，并随着旅游者的需求变化而不断变化，针对旅游购物的研究还将不断深入。当前及未来，越来越多的旅游者更多选择自由行，喜欢边游边购，喜欢到特色旅游购物店体通过体验式购物，购买特色旅游商品，并且将体验购物真正作为旅游经历的一部分（陈斌，2017）。可以说，从现在乃至未来，越来越多的旅游者都将把包括旅游购物在内的旅游视为一次完整的旅游体验，并期待在良好体验价值的刺激下，感知更多旅游景区的真实性和形成对景区真实性、美感性的评价。这将促使旅游者在积极情绪下形成良好的旅游评价，并在愉悦或唤醒状态下对旅游者的购物行为意向产生正向积极影响。针对此趋势，系统研究和大力发展旅游景区购物，不但可以实现更多旅游资源在景区的集约化、节约旅游成本和强化集中监管，还可以最大限度地满足旅游者在空间上的边游边购的强烈需求，提供易于旅游购物的环境，最重要的是通过合理配置在景区内的特色购物店，可以在提升景区独特吸引力的同时提升旅游者的体验感知。通过提升景区旅游体验价值实现提高旅游者在景区的愉悦感、依恋感，进而促使购物意向产生；通过景区良好环境、服务等整体环境刺激、提升旅游体验价值，形成对旅游购物点的真实性感知，以此唤醒旅游者的购买意识和欲望，形成积极的购物行为意向，这不失为在景区内部提升景区购物竞争优势的一个有价值的视角。

　　在此背景下，契合于上述研究目的，以研究环境与人之间关系的"刺激—机体—反应（Stimulus-Organism-Response，即S-O-R）"理论模型可以为这一视角研究提供良好的理论支撑。"刺激—机体—反应（S-O-R）"模型由Mehrabian & Russell（1974）提出，其中S代表刺激（输入）、O代表有机体（内部回应）、R代表反应（行为意向）。刺激要通过接受者的意识来影响心理，接受者就是有机体，他们会有选择地接受外部刺激，并因此形成有意识或者无意识的心理状态（Jacoby，2002）。此时的心理反应是情感（正向/负向情感）或者是人的一种内在状态（情感/认知）（Eroglu，2001；Jacoby，2002）。通过一系列的心理反应过程，接受者对刺激采取内在或行为反应；内在反应就是个体的态度，行为反应通常是趋近或回避行为（Eroglu，2003）。

　　那么对于民族旅游景区的发展也同样如此，在民族旅游景区内部如何通过旅游体验价值进而催生的情绪感知对旅游者的购物意向产生显著积极的影响，并以此更好地实现包括景区购物在内的景区综合发展就成了指导实践应用迫切需要解决的理论问题。海南国际旅游消费中心是我国旅游发展的前沿和重要阵地，海南槟榔谷黎苗文化旅游区位于海南省保亭县与三亚市交界的甘什岭自然保护区境内。景区规划面积5000余亩，是中国首家民族文化型（黎苗文化）AAAAA级景区，是国家非物质文化遗产生产性保护基地、十大最佳电影拍摄取景基地，是我国民族旅游景区的典型代表。依托于民族工艺与传承而成的黎锦和黎族服饰、苗族银饰和民族特色健康药品等，成为其中的重要旅游商品。随着人们对区域民族文化的兴趣日益浓烈、健康意识的持续增强，也因此对这些产品有了较大的兴趣。基于上述分析，笔者以海南槟榔谷黎苗文化旅游区作为我国民族旅游景区的代表和本研究的案例，提出本文研究课题：在刺激—机体—反应（S-O-R）理论下，旅游体验价值与地方依恋、真实性感知之间有什么关系？旅游者在民族旅游景区的游览体验价值、地方依恋、真实性感知如何影响其景区购物行为意向？

第二节 研究目的、内容和意义

一、研究目的

鉴于我国旅游购物对产业贡献不大的现状与我国旅游业内在加快发展需求间的矛盾，鉴于景区购物巨大的发展空间、潜力与当前景区旅游购物不旺的反差，以及以旅游者为主体的民族旅游景区旅游购物行为影响机制在学界研究尚不深入的现实问题，本研究将在文献梳理、资料分析基础上，通过实证研究找出影响民族旅游景区旅游者购物行为意向的影响因素与机制。具体来说，本研究的目的可以分为四个方面：

一是深入了解民族旅游景区旅游者的游览体验价值与地方依恋、真实性感知间的相关关系及影响程度；

二是深入了解在民族旅游景区内旅游者地方依恋、真实性感知与购物行为意向之间的影响关系；

三是综合探讨民族旅游景区内旅游者在游览体验价值影响下形成的地方依恋、真实性感知对购物行为意向的影响关系与作用机制；

四是根据研究结论为我国民族旅游景区发展旅游购物、为景区管理尤其是旅游景区购物市场经营与管理提供有效建议。

二、研究内容

要促进旅游业中旅游购物的发展，旅游目的地除了要全面提升旅游吸引物即旅游客体的质量外，更为重要的是要在了解旅游者内在需求、感知偏好等因素的基础上，充分考虑和研究如何才能在旅游活动中促使或唤醒旅游者形成积极的购物行为意向。本研究将结合这一核心问题，就民族旅游景区旅游者购物行为意向影响机制开展以下研究：

一是提炼基于旅游者为主体的影响其旅游购物行为意向的因素并进行分析。根据笔者对前人研究的梳理，结合本研究的需要，提炼出民族旅游景区旅游者的景区游览体验价值、地方依恋、真实性感知这三个因素可能对其购物行为意向产生的影响，其中体验价值包括功利性体验价值、情绪性体验价值两个维度，地方依恋包括地方依赖和地方认同两个维度，真实性感知包括自然真实性、原创真实性、独特真实性、参照真实性四个维度，购物行为意向包括购物动机、购物意愿（偏好）两个维度。

二是基于S-O-R模型，构建旅游者游览体验价值、地方依恋、真实性感知对购物行为意向的影响的研究模型。在理论支持和文献梳理基础上，将体验价值对应为S-O-R理论中的刺激（S），将地方依恋对应为S-O-R理论中的机体内在反应中的愉悦（O—愉悦），将真实性感知对应为S-O-R理论中的机体内在反应中的唤醒（O—唤醒），探索体验价值对地方依恋、对真实性感知可能的影响与效应关系，以及在此基础上探索地方依恋、真实性感知与购物行为意向（S-O-R理论中的反应R）之间的关系。

三是分析和检验假设关系及研究模型。本研究以海南槟榔谷黎苗文化旅游区作为我国民族旅游景区的代表和研究区域，通过问卷调查和多层次、多角度的资料分析，来探索、验证民族旅游景区内的旅游者的游览体验价值、地方依恋、真实性感知和购物行为意向之间的关系。

四是在分析和探讨本研究结论基础上，从旅游目的地政府、旅游企业经营两个方面为国内民族景区旅游发展旅游购物提出策略性建议，并提出本研究的局限性和未来的研究方向。

三、研究意义

（一）将S-O-R理论创新性地引入到民族旅游景区的旅游者购物行为意向的影响研究中

作为心理学研究的常用理论之一，国内运用S-O-R理论研究外部刺激对主体购物意向或行为影响的研究相对比较欠缺。现有的研究在选取刺激物时以政策宽松度、颜色、教育与营销方式为主，多用在研究主体网络领域行为意向，研究购物行为尤其是旅游购物行为或景区购物行为的还非常缺乏。在本研究中，将结合民族旅游景区，在综合进行文献分析基础上，通过梳理文献和归纳总结，首次将旅游者的体验价值作为刺激，将旅游者对景区的地方依恋、对景区购物场所的真实性感知分别对应作为受到体验价值作用下形成的愉悦与唤醒，以此研究对旅游者购物行为意向的影响。这一视角从目前国内研究来看尚属首例，其成果预计将有助于进一步拓展和深化 S-O-R 理论的应用。

（二）创新性构建了体验价值、地方依恋、真实性感知与购物行为意向的一体化模型

以往从体验价值、地方依恋、真实性感知中的一两个变量研究对消费者意向或行为影响不少，但是将其作为共同前因变量对旅游者购物行为意向的研究和验证的还不多。本研究把体验价值、地方依恋、真实性感知三个旅游者受到外部刺激而形成的综合性感知与评价因子集聚在一起，共同研究其对旅游者景区购物行为意向的影响机制，并以此构建了"旅游者景区游览体验价值—地方依恋/真实性感知—购物行为意向"的一体化模型。在此模型指引下，通过旅游者作为主体形成的三个感知性变量，采用定量研究与定性研究相结合的方法，来研究对旅游者购物行为意向的影响机制。本研究综合使用这些特定变量构建起的新研究模型，这在现有的研究中比较少见，可以为今后研究旅游购物行为提供相应的理论借鉴。

（三）引导民族旅游坚持走可持续发展道路

旅游业的发展，必须以依靠一定的旅游资源为基础，而如何在坚持绿色、生态理念下最大限度地减少旅游对资源的依赖性、消耗性而最大限度地发挥资源的有效性，是推进旅游业可持续发展的前提和保障。本研究立足于旅游者作为旅游购物行为意向的重要决策者，以其体验价值并因此形成的真实性感知、地方依恋等内在主观因素作为促进旅游者旅游和旅游购物的重要因素，有针对性地提出可以刺激、唤醒旅游者购物行为意向的积极影响因素，进一步弱化旅游对资源的消耗和对固定设施设备投入的无限要求，引导民族旅游和民族旅游景区在发展中更多将设计和营销等集中在营造和提升旅游者体验价值的软环境上，以此进一步减少旅游对自然环境的依赖与破坏，推进民族旅游的可持续发展。

（四）为促进民族旅游目的地健康发展提供借鉴

民族旅游以及民族旅游景区可持续发展的前提，是旅游者对少数民族多样化、特色化和异质化旅游产品的内在追求与个人偏好，这种追求与偏好必须要以优美的民族聚集区自然生态环境、原生态的民俗风情、热情质朴的民风为基础。如果民族

旅游景区的旅游者在景区的体验、感知与其个人形成的原始印象或期待存在较大差距或误差，旅游者就会形成失望并把这种失望不断扩大化，进而影响包括购物行为意向、满意度、重游意向、推荐意愿等多个行为意向或决策。在此背景下，与其他旅游形式相比，民族旅游的发展需要在旅游目的地居民与旅游者之间、民族旅游景区与旅游者之间进行文化、风俗、社会距离等的深度接触与融合，通过这种融合构筑起来的体验价值、真实性感知以及地方依恋及其程度对旅游者行为具有极其重要的作用。因此，伴随着旅游产业的供给侧改革，在包括民族旅游在内的旅游产业转型升级中，充分考虑旅游者的体验、感知和依恋状态，促使民族旅游景区的旅游者在旅游目的地或景区提供的旅游环境中，能够体验和感知到更好水平和程度的"民族性"，能够接受和认同其在景区接触的少数民族的民俗习惯、文化和技艺等都是真实的。据此，本研究选取海南最具代表性的AAAAA级槟榔谷黎苗文化景区，重点研究海南本土最具代表性的黎族和苗族为主要特征的民族旅游，对其他类型的民族旅游发展也具有一定的借鉴意义。本研究还通过对民族旅游景区的研究，扩展了旅游者对民族旅游的认知，加深旅游者对于多样化、异质化偏好的理解，对于民族旅游目的地区域的产品营销者和政府、企业决策者提供旅游者体验价值、真实性感知和地方依恋的影响因素和程度的分析，有助于未来营销策略和政策的制定。

（五）有利于促进旅游景区购物乃至旅游业的发展

本研究将立足于旅游进入新时代和体验经济时代的来临，洞察随着交通运输、网络技术、个体需求等变化下旅游自由行的快速发展的趋势和现实，将针对旅游者形成的体验价值、地方依恋、真实性感知，以及旅游者受到外部刺激后在自身形成的内在综合性感知与评价的形成机制和影响因素，系统分析、研究和理清各变量和因素间的作用关系。在此基础上，将为民族旅游景区围绕如何提升旅游者体验价值、地方依恋和真实性感知来做好景区整体规划与运营，特别是做好旅游购物区域、商品、服务、体验等综合性经营与管理提供科学化建议，着力提升旅游者景区购物的积极意向或行为，以此加快推进我国旅游购物乃至旅游业的快速发展。

（六）为民族旅游景区可持续发展提供新思路

我国拥有55个少数民族，各民族具有特定的历史和特色的文化，并体现在其特色的生活环境、生产方式、服饰、配饰、饮食、用品等方面。本研究的进行，将尝试揭示出旅游者在民族旅游景区体验价值、地方依恋、真实性感知的影响指标体系，并发掘其与旅游者购物意向之间的影响机制。这将为民族旅游景区提供什么样的民族特色、民族文化、民族商品、民族体验活动，以及如何将民族文化展示与特色商品营销等有效融合供给旅游者，以提升旅游者的愉悦感、满意度、忠诚度，唤醒旅游者在景区的购物行为意向等，提供专业视角分析和实证贡献。同时，在研究中地方依恋对旅游地的环境保护态度、负责任行为等的正向影响，将确保民族旅游景区能够在维护民族文化、保持民族特性的基础上，积极发展特色商品和旅游购物。另外，研究民族景区旅游购物行为意向，对提升民族区旅游购物收入，助力区域脱贫，提升当地居民收入和全面实现小康也具有积极作用。

第三节　研究及分析方法

一、研究方法

旅游学科是建立在多个学科互相交叉的基础之上的，在旅游研究中往往会应用到其他学科的研究方法来支撑研究的理论结构。这种"跨学科"的研究通常会涉及很多其他学科的研究方法。一般来说每个学科都有自己的独特范式，在社会科学的研究进程中，定性和定量两种研究方法是质量研究领域的两种范式。单独强调范式各自的优势、科学性、分庭抗礼的斗争在学术界将永无休止，但从研究的实际来看二者并无优劣之分、也无矛盾之说，二者在研究中是可以共存的，在研究中应考虑如何使用才更为科学与规范。结合研究目的与内容等，本研究采用定性和定量相结合的研究方法，定性分析方法主要使用文献研究法和深度访谈法，定量分析方法主要使用问卷调查法。

（一）定性分析

文献研究是开展研究最基础也最常用的方法，文献研究有助于理清相关研究的热点焦点、动态进展、未来趋势和存在不足，有助于研究者确定具体的研究方向、研究题目、界定相应的研究变量以及变量之间的关系，也有助于在有效借鉴前人研究成果的基础上形成自身研究创新和提高研究效率。本研究通过文献研究方法，以民族旅游景区、旅游者体验价值、真实性感知、地方依恋、旅游购物行为意向和"刺激—机体—反应（S-O-R）"模型作为主题或关键词，借助相关的文献工具有针对性地进行文献搜索，对涉及的重要文献进行了规范、解析和评述，以此了解民族旅游景区旅游者购物行为意向影响领域的研究进展，进一步掌握该领域的研究趋势，以及既往研究中存在的不足。本研究选取的三个变量与"刺激—机体—反应（S-O-R）"中的对应关系在前人的研究中涉及或验证得还很少，将体验价值确定为刺激（S），将地方依恋、真实性感知分别确定为机体反应（O）中的愉悦、唤醒，需要在整体研究前对其对应关系是否存在及何种关系进行确认。其中，文献研究主要采用了中国知网、万方数据库等相关渠道进行国内外文献搜索，为本研究的开展提供了理论支撑。

深度访谈法是一种无结构的、直接的、个人的访问，在访问过程中是调查者直接向被调查者口头提问，通过与被访谈者交谈并记录的方式了解有关社会实际情况的一种方法；深度访谈法适合于了解复杂、抽象的问题，可以揭示对某一问题的潜在动机、信念、态度和感情等。鉴于本研究所选取的与旅游者密切相关的体验价值、地方依恋、真实性感知这三个变量更多是旅游者在旅游中形成的主观性、可变性的感知和综合评价，这些体验、认知、感知、评价等相对于具体的行为来说是抽象的。同时，本研究在量表设计时主要借鉴前人已经使用的、成熟的量表，但这些量表和本研究变量间的关系还需要通过进一步研究加以确认。

因此，本研究在文献研究基础上，通过深度访谈法，了解旅游者在民族旅游景区内的体验、感知、认知与其综合性评价，为确认三个变量与理论模型的变量间的关系，以及设计适合于本研究的问卷奠定基础。尤其是借鉴于前人研究的相关成果，通过文献研究在体验价值与刺激、真实性感知与愉悦、地方依恋与唤醒之间确立了对应关系。

（二）定量分析

定量研究是指确定事物某方面量的规定性的科学研究，即将问题与现象用数量的形式来表示，进而去分析、考验、解释，从而获得意义的研究方法和过程，常用方法是问卷调查法。问卷法是针对某一个或者若干问题，向研究对象进行了解或征询意见；问卷调查主要是通过发放问卷收集研究对象的意见，进而为研究中的模型以及检验提供数据。本研究根据需要设计了对应的预调查问卷，在对预调研进行数据收集整理的基础上，运用 SPSS21.0 软件对数据进行信度和效度检验，删除不合理的题项，修正并形成正式调研的测量问卷，确保调查问卷具有良好的信效度。在此基础上，正式发放和收集调查问卷，为相关实证研究提供数据支撑。本研究在海南槟榔谷黎苗文化旅游区开展对景区旅游者的问卷调查，通过了解不同性别、年龄、家庭背景、职业、学历、收入、购物情况的旅游者在景区形成的体验、认知、感知、行为意向的一手资料等，对本研究所提出的体验价值、地方依恋、真实性感知、购物行为意向等测量指标、理论模型和研究假设进行检验。

二、分析方法

数理统计分析主要用于对问卷调查获取的原始资料进行分析，以研究变量之间的相互关系，得出相应的结论。在问卷调查基础上，本研究将采用SPSS21.0、AMOS17.0进行统计分析，对研究变量之间的关系进行描述性统计分析、信度分析、效度分析、验证性因素分析、方差分析，具体分析方法将在研究设计中设定。通过这些方法以检验假设，研究体验价值、地方依恋、真实性感知与购物行为意向间的影响关系。

第四节 研究结构

根据研究需要，设计本研究整体结构包括六个部分：

第一章：绪论

在系统论述本研究背景的基础上，提出了本研究的问题，阐述了本研究的目的、内容和意义，并确定了本文的研究及分析方法。

第二章：研究综述与理论基础

以相关数据库、学校图书馆、公开网络等为信息搜集和来源主要途径，对涉及的体验价值研究、地方依恋研究、真实性感知研究、旅游购物研究及相关行为决策研究等进行了梳理、分析和归纳；对研究依据的主要理论"刺激—机体—反应（S-O-R）"理论、期望价值理论、认知评价理论进行了分析，为研究的开展提供理论支撑。

第三章：研究区域

主要介绍我国民族旅游景区基本情况、发展现状、景区购物现状，以及本研究选取的民族旅游景区代表——海南槟榔谷黎苗文化旅游区的发展及购物市场现状等。

第四章：研究设计

在文献总结的基础上，结合访谈结果，建构针对本研究案例海南槟榔谷景区的游览体验价值、地方依恋、真实性感知量与购物行为意向量表。通过预测试检验问卷设计的合理性，并在理论分析的基础上，构建体验价值、地方依恋、真实性感知及购物行为意向间关系的研究模型，提出各变量间的关系假设。

第五章：实证研究与讨论

基于获取的海南槟榔谷景区的有效样本资料，在检验量表的信度效度基础上，通过SPSS、AMOS等软件，对研究设计的关系假设进行检验和分析。

第六章：研究结论与建议

总结和探讨该研究所得出的结论，对发展景区购物提出合理化建议，指出本研究的局限和展望。

第二章　研究综述与理论基础

第一节　研究综述

一、体验价值研究综述

（一）体验的概述

体验是人的心灵中的一种感受，人类文明出现的时候，体验就产生了（边四光，2003）。体验的词典解释为"个体的经历或者感受"，这种经历和感受是个体亲自参与下综合反应后形成的，其实质是一种心理认知和感受。自"体验"一词出现之后，体验不仅作为学术的研究内容而存在，更重要的是体验在当下成为诸多领域解决问题的重要视角与方式。

哲学视角认为，体验是人及其情感认识和把握世界的一种方式（陈才，2010）。美学研究认为，体验是个体在认识某种事物过程中形成的愉悦的、美好的感受、经历和回忆，将其整个程序定义为体验。能够产生愉悦感的过程就是美学体验，并由此可能引起回忆、情感、认知三种联想（梁日杰，2010）。在当下，体验直接联系了审美主体与审美物件，可以通过美学体验介入消费，以消费拓宽美学体验的建构（裴萱，2013）。生活美学体验已经成为当下的一种趋势，其既是对生活方式、物质环境等的内在要求，也是对这些方式、环境、消费品等感到愉悦和满足，也就要求物质生活越来越趋向精细（李成成，2013）。心理学则认为体验是个体在受到外部刺激后形成的内在反应，这种反应一般体现在感官和精神层面。体验是个体对物件的认识、理解、感受和意向，也是个体的自觉活动、自觉创造和自主生成（葛鲁嘉，2006）。"心流体验"认为，当个体进入这种状态中，就会完全被所从事的事物所吸引，产生愉悦感，这种感受区别于一般的感官体验，是高层次的、与幸福感等有关的体验（赵方，2011）。在体验对个体心理影响等研究基础上，体验逐步从美学、心理学的研究领域被引入到经济学的领域。从经济学角度看，企业以服务为舞台，以商品为道具，促使消费者融入其中，创造出值得回忆的活动便是体验；体验是有益于促进生命感动和经济效用的图景思维活动（闵宗陶、权利霞，2003）。体验被一些学者认为是继农业经济、工业经济、服务经济后的一种新经济形态，体验经济的概念被逐渐提出。体验也慢慢地与产业研究相结合，出现了从快乐经济学视角下旅游体验研究（曹宇飞，2011），体验式智慧旅游研究（沈文星，2014），基于体验经济学视角的主题餐厅体验营销研究（魏华飞、王宗潮，2009），以及研究网络购物消费体验模式研究（苏伟，2012）等。

这些关于体验的研究，虽然运用的专业视角、研究方法有所不同，但是都把体验从一种原本人们常常忽视的、模糊的感受或者认知中分离出来，体验之于个体、之于相关领域及行业的作用越来越被人们所认知。体验不再只是一种感知，而是有其价值存在的；体验的重要价值就是其对个体的刺激形成的内在感受与认知将长期伴随个体本身，形成个体的难忘经历与回忆，这些并不随着体验活动的结束而全部消亡。综上而言，在当今体验经济时代，体验之于个体、之于产业、行业的发展具有越来越重要的现实意义和价值，它不仅仅是一种基于美学、心理学的精神或心理活动，还是可以运用于产业的经济活动和因素。

（二）研究领域内旅游、景区、购物与体验的融合与解析

旅游体验是一种以超功利性体验为主的综合性体验，在旅游体验中旅游者可以在游览中获得审美愉悦、在参与中发现自我、在交往中发展自我、在旅游消费中享受快乐，这些愉悦在总体上都附属于某种超功利的色彩。景区体验是旅游者通过旅游活动，获得的自己心中所想的对旅游景点的或好或坏的感受，是游客通过自己亲身体验所得到的，是多种娱乐游览感受的完美结合，是一种综合性的感受（孙媛媛，2017）。购物体验是由企业的营销活动引发的一种消费者心理感受，是追求愉快经历的理性和感性的结合体，其最终目的是具有功利性的购物。从上述概念看出，旅游体验包含景区体验，景区体验是旅游者在特定区域即景区内的一种综合性的感受与体验。而旅游体验与购物体验的区别相对明显：一是旅游体验是因旅游活动而在旅游过程中形成的，购物体验以购物为目的而形成的；二是旅游体验具有超功利性，而购物体验具有明显的功利性；三是在旅游过程中，旅游体验一般涵盖了旅游购物体验，但是纯粹性的购物体验与旅游体验没有直接关系。近年来，随着旅游业的迅猛发展，旅游购物也从购买商品转向购物体验，对旅游购物体验的关注和研究也日趋渐多。旅游购物体验也是一种零售体验，不同的是旅游者购买旅游商品的活动也是体验当地文化的旅游活动，旅游者购物出于享乐性目的（黄鹂等，2009）；是

旅游者在旅游过程中，对于所购买的旅游商品以及所获得的服务的满意程度（李梅，2015）；是旅游者在旅游过程中通过自身的观察和参与所产生的对于购物地的商品、服务、活动和场所等要素的综合感知、评价、行为以及所获得的生理和心理结果（余向洋、沙润，2008）。

目前国内围绕研究旅游景区购物的相关文章有70余篇，研究内容主要集中于三个方面：一是赞同旅游景区购物点的设置，并且从改进、开发等角度给出相应意见；二是反对旅游景区购物点的设置，认为景区并非购物场所，并为此观点提供了学理上的支撑；三是对旅游景区购物点的设置持中立态度，认为要从可持续发展的理念出发合理设置旅游景区购物点的数量。从发生学的角度来看，旅游景区购物的行为研究又分为：一是前购物阶段，主要研究购物行为影响因素和购物产品的开发，在购物行为的影响因素方面主要有服务质量、市场监督机制建立、旅游景区的结构转型、多媒体宣传等影响因素；二是购物阶段，主要集中于基于地区的购物惯性个案研究；三是后购物阶段，这一部分主要集中于对有关景区购物满意度的调查分析，如SPSS、IPA分析法，以及基于满意度的改进研究和景区购物陷阱的案例剖析。

现有关于体验的相关概念融合和景区购物的上述研究，凸显了体验的可融合性，以及景区体验研究的缺乏性，为体验与旅游景区购物融合与研究提供依据与空间。本研究将在此基础上，关注旅游者的体验，重点围绕旅游者在景区的游览体验价值下对其购物行为意向的影响。

（三）顾客价值

在体验中，个体是体验的主体，同时也是体验提供者的服务物件，因此在服务过程中，个体就有了体验者、消费者、顾客等不同的名称和身份。在经济活动中，商品的吸引力越大，对顾客的购买意向影响也就越大，商品价值对顾客购买具有重要作用；但是，商品价值却不是顾客购买的决定性作用。在交易过程中，顾客才是决定是否交易的最终决定因素，而顾客的购买意向或行为，与顾客价值具有重大关系。体验价值作为顾客形成价值中的重要部分，要理清体验价值就必须研究顾客价值。

顾客价值概念由西方学者提出于20世纪80年代，90年代顾客价值的研究逐步兴起。在早期关于顾客价值的相关研究中，顾客经济价值是指在已知核心产品与其他产品的综合信息可获得竞争产品的情况下，消费者愿意支付的最高值（Fobis & Mehta，1981）。价值被定义为获得利益与为此付出之间的权衡（Woodruff & Gardial，1997）。顾客价值就是感知利益与花费成本的差额（Lovelock，2000）。进而，由此延伸出以顾客总价值与总成本之差的顾客让渡价值理论，其中顾客总价值涵盖了产品价值、服务价值、人员价值和形象价值，顾客总成本涵盖了顾客货币成本、时间成本、精神成本和体力成本等（Kotler，2001）。这些研究以顾客利益得（总收益）失（总成本）间的差额来评价顾客价值的方法，对实物产品的研究具有良好的衡量作用，为直观了解和理解顾客价值提供了支撑，为顾客和经营者在购买活动或营销活动中更好地选择与决策提供了相应的支撑。但后来学者们逐渐发现，它对服务性产品的顾客价值却无法很好地评价。

对此，有学者提出了关于顾客感知价值的相关概念与研究。顾客为了得到商品愿意付出的价格，包含了顾客被感知的商品的收益（Christopher，1982），感知收益成为顾客价值的一部分。顾客价值是相对于产品价格调整后的市场感知质量（Gale，1994），是顾客使用供应商提供的产品、价格、服务等过程中，发现产品提供的附加值，这种附加值是建立在顾客和供应商之间的情感纽带（Butz & Goodstein，1996），顾客价值中与顾客建立紧密关系的能力是保持竞争优势的关键（Gronroos，1990）。这些研究对如何评价产品质量与价值、如何提升满意度和客户忠实度等提供了很好的理论支撑。相对于上述单方面的研究角度，顾客价值还被定义为在特定情景下有利于或阻碍顾客实现自己目的和目标结果所使用的感知、偏好和评价，并建立了顾客对所感知价值的满意是从"属性—结果—满意"三个相邻层次进行立体、动态评价（Woodruff，1997）。研究还发现，顾客价值具有主观性、个体性、情景依赖性、层次性、动态性和相对性等特征，因此它不是一成不变的，对某一产品不同顾客、同一顾客在不同时期，其期望和感知价值也是不同的（张明立、樊华、于秋红，2005）。

基于上述的研究与分析，可以看出关于顾客价值的研究主要集中于两个方面：一方面是基于得失差、得失权衡等形成的顾客价值，其评价重点是顾客可以直观获得多少利益；另一方面是包含了顾客为了实现目的或结果的全部支出间的感知、权衡和评价。相比较而言，前一方面定义与研究忽略了顾客从消费经历中获得美感享受和情绪上的反应，已经不适用当下的体验经济时代和体验型产品的评价，无法形成准确的顾客价值。因此，对民族旅游景区的旅游者购物行为意向进行研究时，将借鉴于通过感知、权衡和评价维度对旅游者的顾客价值重塑所做出的探讨和研究；同时，本研究也赞同前人研究中关于体验具有个体参与性、主观性、动态性特点。

（四）体验价值

然而，在当下进入体验经济时代，体验价值的研究也日益增多，体验价值在产业发展中的作用愈发凸显。

1. 顾客价值演绎下的体验价值

与体验、顾客价值一样，对于个体受到刺激形成的体验价值同样在当前未能形成统一的定义，说法有以下几种：顾客价值分为体验消费价值（享乐价值）与理性消费价值（实用价值）（Holbrook & Hirschman，1982）；顾客价值包括实用价值和体验价值（Eun-Ju Lee & Jeffrey，1988）；顾客体验价值和消费价值统称为顾客价值，二者并无明显区分（Holbrook，1999）；体验价值通常被认为是一种顾客价值，是顾客在消费体验过程中所表现出来的源于内心感受的一种价值（方征，2007）。顾客价值包括体验性利益、功能性利益及象征性利益（Naylor，1996）；顾客价值是顾客决定的，其实质上是顾客感知价值（白长虹，2001）；体验价值是消费者（顾客）在认知产品过程中，对服务、产品直接使用或远距离欣赏所获得的；在这个获得过程中，体验价值可以得到提升，并由此促进或阻碍消费者目标达成（Mathwick，2001）。综上研究可以看出，学者们认为一方面体验价值是顾客价值的一种，某种意义上体验价值就是顾客价值，二者具有密切关系；另一方面在承认体验价值与顾客价值具有密切关系基础上，进一步认识并更加关注顾客的感知价值，认为体验价值是顾客价值中的顾客感知价值，准确地定位了体验价值与顾客价值的内涵与关系。

2. 本研究中体验价值的概念界定

到底什么是体验价值？体验价值的概念最早源于消费者与产品或服务之间的直接或者远距离互动，互动的体验为消费者偏好提供了一定的基础，体验价值为消费者提供了内外部的利益。体验价值的理论自20世纪80年代以来，一直都是学术界研究的一个热点问题。

心理学的研究者认为，不同的人对于体验的需求存在不同，因此对于不同的体验每个人都有他们特有的意义，因此可以将旅游者体验界定为个人与各种"中心"之间的关系，这个"中心"可能是现实生活也可能是人的精神世界（Cohen，1979）；体验价值是顾客在个体参与中形成的感受，这种感受具有个体主观性，也将随着个体所处的环境不同而动态变化（Csikszentimihaly，1988）；消费体验引起的符号的、享乐的或美感的体验消费价值（Holbrook，1982）；在传统内在外在利益分类的价值体验研究上添加了"活动"维度，活动维度被分为"被动"和"主动"两部分，被动价值来自消费者对消费目标的理解、评价或者回应，主动价值源于对消费者营销实体间合作的增加（Holbrook，1994）。谢彦君（1999）认为，旅游促使人们离开日常居住地，同时也离开了日常工作生活的压力，去到一个新的环境中寻找新的感受和体验，从而能够舒缓日常工作生活压力所引起的紧张，算是国内最早对体验价值进行定义的学者；体验价值是与顾客自身偏好相关的体验，它具有互动性、相对性，可以通过互动实现共同创造（申光龙等，2016）；在旅游者体验价值感知的维度判别与模型研究中，旅游者体验价值感知是旅游者在消费旅游产品、体验旅游服务、参与旅游活动的过程中对众多交互旅游要素所产生的整体性感觉与总体性评价（黄杰，2016）。在经济学领域，学者们研究提出，顾客体验价值是从服务中分离出来的新型经济物，是企业为顾客提供娱乐、逃避现实及视觉享受等活动中所包含利益的总和（Pine，2001）；体验价值来自人们对服务、产品的直接使用或远距离的欣赏获得，是消费者对于产品属性绩效与服务绩效的相对认知。据此，互动的过程可以提升体验价值，也可能促进或阻碍消费者目标的达成（Mathwick，2001）；体验价值指顾客综合消费收益与消费成本，对消费对象作出的反馈（苏嘉杰，2005）；旅游体验是旅游者通过与景区的有效互动，参与旅游产品开发、生产及消费的过程，将自身意见与景区开发进行交互性联系，促进景区更好地服务旅游者增强旅游体验（李丽娟，2012）。从管理学角度看，体验价值是游客根据关键环节的自身效益实现程度对旅游进行评价，主要体现在游客的感觉和满意度上，它受游客主观感受和游客间相互作用影响（张成杰，2006）；体验价值的形成是多方共同参与的过程，它涉及多个变量因素，并且各因素间的互动关系对体验价值的形成至关重要（马颖杰、杨德锋，2014）。除此外，还有不少关于体验价值的概念，本研究将这些具有代表性的概念进行了整理（见表2-1）：

表2-1　体验价值概念表

学者	提出年代	概念内容
Holbrook	1982	消费体验引起的符号的、享乐的或美感的体验消费价值
Csikszentimihaly	1988	顾客在个体参与中形成的感受，这种感受具有个体主观性，也将随着个体所处的环境不同而动态变化
Butz	1996	顾客体验价值是指顾客的需要在情感上的被满足程度
Woodruff	1997	顾客为达成其目标和目的，而对产品属性、属性的表现和结果加以评估以及认知的偏好
Pine	2001	顾客体验价值是从服务中分离出来的新型经济物，是企业为顾客提供娱乐、逃避现实及视觉享受等活动中所包含利益的总和
苏嘉杰	2005	体验价值指顾客综合消费收益与消费成本，对消费对象作出的反馈
张成杰	2006	体验价值是游客根据关键环节的自身效益实现程度对旅游进行评价，主要体现在游客感觉和满意度上，它受游客主观感受和游客间相互作用影响
魏遐、潘益听	2012	游客体验价值是游客对湿地公园景观、旅游产品或旅游服务众多关键点上形成的交互体验

续表

学者	提出年代	概念内容
郭慧聪	2016	旅游体验价值是游客在旅游过程中跟景区及旅行社互相作用,从而产生的价值评价判断,是游客对感知利益和感知成本进行比较所得的结果
申光龙、彭晓东、秦鹏飞	2016	体验价值是与顾客自身偏好相关的体验,它具有互动性、相对性,可以通过互动实现共同创造

资料来源:本研究整理

这些研究和概念从不同学科、角度出发,对体验价值做了不同的表述,但将这些研究归纳后不难发现,其实质揭示了体验价值的形成过程和特征:一是参与性,体验价值是主体亲身参与过程后得出的总体性评价;二是主观性,体验价值的高低、好坏,来源于主体对商品或经历等的个体感受,具有强烈的主观性;三是可变性或相对性,不同主体对同一商品或经历、同一主体不同时期对同一商品或经历形成的体验价值是非固定的,是伴随着时间等因素而可以变化的;四是综合性,体验价值是主体在一次消费或经历中综合各类因素最后形成的感知评价,包括了个人的偏好、权衡与评价等。

借鉴于已有研究,本研究对体验价值概念界定为旅游者在景区游览全程中对环境、产品、场所、服务等所获得的整体感觉和评价,内容范围包括在产品和服务体验过程中的所有感知,包含服务质量、情景感知、情感认知等各方面。但这里界定的体验价值不专指景区内的购物体验价值,重点突出景区的美感、规划、服务等方面的综合性的感知评价。

3. 体验价值的测量方法

体验价值一般情况下可以分为外在价值和内在价值两个部分,在体验过程中主体所获得的乐趣通常构成心灵层面的内在价值,而任务或者工作完成所带来的多为物质层面的外在价值。Holbrook(1994)在研究中将体验价值划分为"被动价值"和"主动价值"两个维度,消费者对于消费目标或者体验的理解、评价和回应被称作被动价值,而主动价值通常是消费者和营销实体间合作度的提升。也有学者主张消费体验可以分为两种价值:使用价值和享乐价值。Mathwick,Malhotra & Rigdon(2001)结合Holbrook分类的体验价值发展出体验价值的衡量尺度(EVS)来衡量消费者的体验价值。国外学者对于顾客体验价值的结构维度研究主要分为三个方面:一是以Csikszentmihaly,Massimini,Carli和Takatalo等为代表人物的内省式体验价值结构维度;二是以Mathwick,Keng Ching-Jui为代表的关联式体验价值结构维度;三是以Sweeney等为代表的层次式体验价值结构维度。皮平凡(2009)在研究中对于体验价值进行界定，将体验价值进一步划分为功能性价值、社会性价值、情感性价值，还在总结前人研究的基础上开发了旅游目的地顾客体验价值量表，在量表中进一步加入了品牌价值的维度。

4. 体验价值的研究维度

要全面了解体验价值，除了准确定位体验价值的基本概念外，研究和确定体验价值的维度成为学者们长期以来研究的重要内容。从整体而言，不同学者基于个人角度和认知，对体验价值的维度划分为"二分法""三分法""五分法""多分法"。

"二分法"主要源于西方学者，在其研究中将体验价值划分为体验消费价值和理性消费价值（Holbrook & Hirschman，1982）、功利主义价值和享乐主义价值（Babin，1994）、使用价值和体验价值（Eun-Ju Lee & Jeffrey，2004）等。Ruyter（1997）将其称为外在价值与内在价值，Mano（1993）等学者也认为外在价值来自以功利为主的消费体，内在价值是因为个人情绪因素产生的消费体验感受。其中功利主义价值是指该产品或者服务能够带来基本利益或者与任务有关的价值，而享乐主义价值是指主观上的感受，主要是潜在情绪方面的价值。"二分法"主要站在相互的对立面，来说明体验价值既具有实际可应用的价值，又具有可感受的价值：一方面体现在产品或经历可直观带来的基本利益或者满足个体需求、解决问题，即功利性（实用），另一方面凸显在个体的感觉上，如享乐、愉悦、美感等，即情绪性（感觉）。这种分类方法将个体对产品或经历的认识与感觉明显区分开来，二分法是现阶段被大多学者认可和接受的划分方式，尽管这种方式能够从属性的角度将体验价值划分得清晰明了，但是同时也并不够细致，不能满足各个视角的研究需要。

在"二分法"的基础上，学者们还提出了不同的"三分法"。一类是在原有"实用性（功能性）""享乐性（体验性）"二分法基础上增加了"象征性"价值（Park，1986；Naylor，1996；Michie，2005），这种划分指出实用性价值是指产品或者服务给予顾客解决问题的能力，享乐性价值是指在过程中可以提供给顾客正面的感受享受能力，而象征性价值是指顾客在过程中能够提升形象、归属感或区别度等（方征，2007）。另一类"三分法"是在功能性价值、情感性价值基础上，认为还有社会性价值，并将社会性价值定义为除了社会归属感、认同感外，更重要的是建立某种社会关系（李建洲、范秀成，2006）。除此外，还提出了体验价值、产品价值、服务价值（Zeithaml，1988），外部价值（功能性与实用性认知）、内部价值（情绪上的价值感）、系统价值（效益与成本差额认识，理性与逻辑性的价值认知）（方征，2007），经济价值、功能价值、心理价值（王锡秋，2005），认知性价值、情感性价值、情境性价值（张凤超，2009）等"三分法"。也有学者对近年来体验价值研究进行了总结，提出了体验价值结构维度模型主要包括内省式体验价值结构维度模型、关联式体验价值结构维度模型、层次性体验价值结构维度模型。内省式的特点是通过研究顾客心理来研究体验价值，关联式是从顾客与消费环境的关联性来研究体验价值，而层次性是指影响体验价值的主导型价值从高到低分别是社会性、情感性和功能性价值（张凤超、尤树洋，2009）。相对而言，三分法多是在认可功利性价值、情绪性价值的基础上，将相对独立的社会性或象征性独立出来的一种做法，或者是从另外的维度去剖析体验价值和定义其内涵，这些细分对于研究个体体验价值、满足个体需求和提供更适合的商品或是服务等均具有积极意义。

随着研究的深入，基于不同认识，体验价值维度的划分也越来越细，多维度分法的研究成果也越来越多。不同学者提出了"四分法"，这些划分基于各自的研究需要，在坚持功能性价值、情感性价值基础上，分离出了服务价值、社会价值、个人价值等，并细分出了诸如属于功能性价值的产品价值、价格功能价值，应属于情绪类价值的美感、趣味性、快乐价值等。其中，以 Mathwick（2001）为代表，以零售业为基础在 Holbrook 的研究基础之上将体验价值划分为了快乐价值、审美价值、消费者投资价值和完美服务价值四个维度。这种维度划分方式虽然细致，基于相对应的应用研究而言具有积极意义，但是同时也没有考虑内在的关联性，在分类上还应进一步科学和优化。

而相对于上述这些分法，比较经典的分法集中于 Sheth、Newman & Cross 在探讨消费决策价值因素中提出的体验价值"五分法"，即体验价值由功能性价值（对产品的功能性、实用性或物理性属性体验而获得，由商品功能属性构成）、社会性价值（通过群体的社会关系联结，由意向选择构成）、情绪性价值（指个人的感觉或情感状态）、认知性价值（消费者的好奇、新鲜和求知欲而获得的感知效用）及情境性价值（特定情境或环境下选择而获得的感知）五维度构成（方征，2007），五个维度在不同的情境下能够产生不同的影响。而在此之前，Holbrook 将顾客价值分为外在与内在价值、自我导向与他人导向、主动价值和被动价值，并以此细分变量，将体验价值划分为效率、娱乐、出色、审美、地位、道德、尊敬、心灵 8 类（Holbrook，1999），这种划分更加注重体验的社会价值，但结构复杂，应用性相对较差。

对于前人研究划分的维度，本研究对其代表性的观点进行了整理（见表2-2）：

表2-2　体验价值维度表

学者	年份	维度	内容
Holbrook & Hirschman	1982	二维	体验消费价值、理性消费价值
Mano	1993		外在价值、内在价值
Babin	1994		功利主义价值、享乐主义价值

学者	年份	维度	内容
Ruyter	1997	二维	外部价值、内部价值、系统价值认知
Eun-Ju Lee & Jeffrey	2004	二维	使用价值、体验价值
Park	1986	三维	实用性价值、享乐性价值、象征性价值
Zeithaml	1988		体验价值、产品价值、服务价值
王锡秋	2005		经济价值、功能价值、心理价值
李建洲、范秀成	2006		功能性价值、情感性价值、社会性价值
张凤超、尤树年	2009		认知性价值、情感性价值、情境性价值
马鹏、张威	2017		认知性价值、情感性价值、社会性价值
Kotler	1997	四维	服务价值、形象价值、产品价值、个人价值
Williams & Soutar	2000		功能性价值、情感性价值、社会性价值、知识性价值
Sweeney & Soutar	2001		情绪价值、社会价值、价格功能价值、质量功能价值
Mathwick	2001		审美价值、快乐价值、完美服务价值、消费投资价值
Sheth & Cross	1991	五维	功能性价值、社会性价值、情境性价值、情绪性价值、认知性价值
苏嘉杰	2005		核心价值、功能价值、形象价值、效应价值、关系价值
孟庆良、韩玉启	2006		功能价值、社会价值、情感价值、知识价值、感知成本
Javier & Rosa	2006	六维	设施功能价值、专业性功能价值、质量功能价值、价格功能价值、情感价值、社会价值
Lai	1994	八维	功利性价值、情感性价值、感知性价值、快乐性价值、情境性价值、知识性价值、社会性价值、整体性价值
Holbrook	1999		效率价值、卓越价值、地位价值、尊敬价值、游戏价值、美感价值、伦理价值、心灵价值

　　前人关于体验价值的研究，因运用的学科、视角、方法等不同，形成了不同的研究维度和定位，但这些差异与不同却都是客观地从不同视角推进了人们对体验价值的研究，为体验价值运用到经济学、管理学和产业领域提供了很好的借鉴。本研究要深入研究景区游览体验价值、地方依恋、真实性感知和购物行为意向间的关系，则必须首先明确景区游览体验价值的结构体系，这是关系到研究本身的基础与前提。借鉴于前人研究的基础，本研究在景区体验价值研究中，将"二分法"与"五分法"有效融合，将体验价值分为功利类价值和情绪类价值两大类，以此具体构建和验证海南槟榔谷景区的旅游者的体验价值。

（五）体验价值与相关因果关系研究

Zeithaml（1988）认为，不同的顾客对同一产品和服务所感知到的价值并不相同，这种感受本身具有一种个性化的特点。要把体验价值的影响因素进行一一列举肯定是不可能的，因为不同的游客之间影响因素又存在一定的不同，但是明确体验价值的影响因素有利于我们更好地了解旅游者的诉求，以及如何更好地管理旅游景区。根据对体验价值研究文献的梳理，体验价值相关因果关系的研究可以划分为三类：

体验价值比其他变量更适合作为行为研究的前因变量（Cronin，2000）。在前因变量研究中，体验价值可以作为单独前因变量开展研究。功利主义价值和享乐主义价值都对购物整体满意度具有正向影响作用（Babin，1994）。国内学者的研究验证了体验价值对顾客满意具有显著影响、顾客满意对顾客忠诚也有显著影响，但没有验证体验价值对顾客忠诚的显著影响（蒋廉雄、卢泰宏，2006）。通过研究验证了感官体验价值、情感体验价值、社会体验价值和知识体验价值对品牌忠诚、感知质量和品牌联想具有广泛的影响关系；同时通过研究发现，品牌体验价值对不同消费者的影响力存在差异（李启庚、余明阳，2011）。在实证研究上，构建了基于产品功能价值、情感价值、社会价值和情景价值四维度在内的体验价值的传统百货商场O2O模式架构图，为传统百货商场提出了线上管道、线下管道和管理架构三方面调整措施（向坚持，2015）。体验价值还可以与其他变量作为共同前因变量，这些变量主要集中在动机、服务、形象等。国外学者对酒店业研究发现，形象和体验价值共同影响顾客满意度和行为意向（Kisang Ryua & Heesup Han，2008）。国内学者结合房地产经纪服务业，研究显示服务质量直接影响体验价值、顾客满意及顾客忠诚，体验价值对顾客满意产生直接影响，但对顾客忠诚不产生直接影响，只能通过顾客满意对顾客忠诚产生影响（宋春红、苏敬勤，2008）。

体验价值也被作为中间变量开展相关研究。刘新伟（2011）研究了体验价值在体验营销影响消费者冲动性购买行为过程中的中介作用。叶晓茵（2015）研究了体验价值作为互动感知和社交网站用户参与间的中介作用，指出良好的体验带来的愉悦、轻松等感觉能提高用户积极性，增加社交网站的参与行为。申光龙等（2016）以体验价值为中介变量，对虚拟品牌社区顾客间互动对顾客参与价值共创的影响进行研究，指出情感体验价值、社会体验价值对顾客参与价值共创具有显著正向影响，并在顾客间互动对参与价值共创的影响中发挥中介效应。

体验价值作为结果变量的研究，大多集中在实证研究中。Burns（1993）提出产品价值、使用价值以及整体价值会影响到体验价值。商店多样化、实体环境以及个人购物认知会影响到体验价值（Wakefield，1998）。Pine 和 Gilmore（1998）提出，体验在带给顾客欢乐的同时也要让他们互动，顾客体验会直接影响体验价值。影响体验价值的因素包括顾客利益和顾客牺牲两个对立的方面（Lapierre，2000）。体验价值的知觉是来自消费者与产品或服务在直接或远距离状态下互动，而体验价值的提升可以由互动来完成，互动是体验价值的影响因素之一（Mathwick，2002）。在对于餐厅顾客体验价值的研究中发现，主题选择、主题特性、服务体验、餐点质量、价值、便利性和促销因素等会影响顾客体验价值（李凡，2006）。但也有学者通过对餐饮连锁业顾客体验价值的实证研究发现，功利倾向、餐饮食品、用餐环境、员工服务并不能直接影响体验价值，但能通过顾客体验间接促进体验价值的提升（周芳，2009）。在对杭州自助型茶馆顾客体验价值的研究中提出，体验价值的驱动因素有营销传播、产品质量、服务质量、环境质量、便利性五个（夏燕红，2011）。在对星巴克的研究中发现，产品、服务、环境、美感和消费者投资报酬都会影响到顾客的体验价值（胡彦蓉等，2013）。Cetin（2014）在研究中从价值链的视角，通过访谈模式得出人力资源、技术、采购和战略联盟、硬件设计等可以创造出独具特色的整体体验，进而形成体验价值，然而任何的单项活动都不足以创造预期的体验，只有相互协同才能够创造出整体的体验价值。通过重塑旅游景区酒店企业文化理念、创新运营模式、优化酒店服务内容及建构战略联盟等措施，可以有效增进旅游景区酒店顾客体验价值（谭艳，2015）。在对主题公园的研究中发现，游客互动对于体验价值会产生影响（黄建，2017）。

本研究对前人已有的关于体验价值的部分研究进行了相关整理（见表2-3）：

表2-3　体验价值变量分析表

学者	年份	变量	研究结论
Babin	1994	前因变量	功利主义价值和享乐主义价值都对购物整体满意度具有正向影响
蒋廉雄、卢泰宏	2006		体验价值对顾客满意具有显著影响
李启庚、余明阳	2011		感官体验价值、情感体验价值、社会体验价值和知识体验价值对品牌忠诚、感知质量和品牌联想具有广泛影响关系
周慧玲、许春晓	2005		基于旅游目的地实地体验形成的基模场所如超出概念场所预期，旅游者就可能产生地方依恋
宋春红、苏敬勤	2008		服务质量直接影响体验价值、顾客满意及顾客忠诚,体验价值对顾客满意产生直接影响,但对顾客忠诚不产生直接影响
向坚持	2015		构建体验价值的传统百货商场O2O模式架构图，为传统百货商场提出三方面调整措施

学者	年份	变量	研究结论
王婧	2016	前因变量	游憩环境体验、服务质量体验对景区满意度和场所依恋产生显著正向影响；景区情感体验只对满意度产生显著正向影响，对场所依恋不产生影响
冯甯甯、崔丽娟	2017		恢复体验对地方依恋有显著的正向预测作用，基于环境的恢复体验能够提升个体对该环境的地方依恋水平
柳艳超等	2017		居民的地方认同和地方依赖水平与生活体验感等因素间接存在着明显的正相关
Kisang Ryua & Heesup Han	2008	共同前因变量	对酒店业研究发现，形象和体验价值共同影响顾客满意度和行为意向
叶晓茵	2015	中间变量	作为互动感知和社交网站用户参与间的中介，良好体验带来的愉悦、轻松等感觉能提高用户积极性，增加社交网站的参与行为
申光龙等	2016		社会体验价值对顾客参与价值共创具有显著正向影响，并在互动对参与价值共创中发挥中介
周芳	2009	结果变量	功利倾向、餐饮食品、用餐环境、员工服务并不能直接影响餐饮顾客体验价值
胡彦蓉、刘洪久	2013		在星巴克中产品、服务、环境、美感和消费者投资报酬都会影响到顾客的体验价值
谭艳	2015		通过重塑景区酒店企业文化理念、创新运营模式、优化酒店服务内容及建构战略联盟等可以有效增进酒店顾客体验价值

资料来源：本研究整理

从上述的研究可以看出，进入体验时代的体验价值受到了理论界的高度关注与广泛研究，形成了诸多的研究成果，而这些成果集中体现出来的是体验价值是一个认知过程，而非单独的情感过程；体验价值既可以作为前因变量影响消费者的满意度、忠诚度、重购意愿或其他行为意向，同时也可以作为结果变量受到产品质量、产品价格、服务品质以及个人偏好的影响。从本研究整理的体验价值变量分析表来看，体验价值作为研究变量可以用来研究主体的心理认知、感知、情绪状态和行为意向等。本研究从影响旅游者购物行为意向的相关因素出发，将把体验价值作为前因变量来展开研究。

（六）基于 S-O-R 理论下的刺激与体验价值

个体受到刺激以后会形成心理反应，此时的心理状态包括情感状态、认知状态（Jacob，2010）。刺激被认为是一种外部影响，刺激将会对个体的心理认知或感知状态产生影响，进而通过系列的心理作用，对个体产生内在（态度、意愿）行为反应或外在（接近、回避）行为反应（张蓓佳，2017）。Belk 在研究消费者行为时指出，消费者行为是由外部刺激引起的，外部刺激引起消费者内部感知，进而产生一定的动机或态度，从而引起消费者的行为（贺爱忠、李希风，2016）。在具体实践中，学者通过研究员工制服颜色对消费者购物意愿的影响得出，员工制服颜色主要对新手型消费者产生影响，对专家型消费者不易产生影响（姚琦、王佳丽，2016）。通过对网络退货政策宽松度对消费者购买意愿影响的研究发现，网络退货政策宽松度对男性群体的购买意向影响大于女性群体、对高收入水平群体的购买意向影响大于低收入水平群体（张蓓佳，2017）。在推荐者社交网站效果研究后指出，推荐者网站信息的丰富度、客制化、视觉性对愉悦、唤醒分别产生显著作用，但作用效果存在差异化（范静、万岩、黄柳佳，2014）。结合 S-O-R 理论和学者上述研究，笔者认为刺激主要有五个特征：一是刺激是一种外部对个体的影响；二是刺激源可能是多方面的，包括商品、服务、环境、颜色、装饰等，这些刺激都应是在和个体发生某种关系或互动过程中发生效用的；三是因为刺激必然会影响个体产生心理反应，这种反应有情绪性、认知性，总体而言是一种综合性感知；四是相同的刺激因素对于不同的个体、在不同时期产生的反应是有差异的，具有个体主观性；五是个体因受到刺激后形成的内在或外在行为反应不同，导致了购买行为意向的差异。

前人关于刺激与行为关系的研究，丰富和拓展了消费者行为决策理论的研究，但是这些研究多集中在直观可见的刺激上，却忽视了感知到刺激物的存在。有学者将 S-O-R 模型引入到零售环境研究中，提出商店环境包含各种能被消费者感知到的刺激物（Donovan & Rossiter，1982）。Peter（1982）通过研究确认了商店环境、情绪状态和消费者行为之间有直接的关系。积极情绪是能够产生良好情绪体验和生理感受的情绪，它对决策起促进作用（李爱梅等，2009）。除了物理和社会环境外，愉悦的购物相伴行为、个体购物体验、情绪等也对消费者的动机和产品评价等产生影响（晏国祥，2008）。完形心理学原理认为，人们观察事物是依据个体刺激的整合而形成；运用到购买情境中，就是要注重产品、服务等总体协调性对消费情绪的刺激作用（Koffka，1935）。在体验性决策中，个体重点通过对产品体验的价值与情感作为自己购买的决策依据，在此过程中更加注重的是通过经历形成的一种内心体验或是对外界环境等个体刺激后形成的综合性的情感、认知。从这些研究可以看出，对个体购买意向起影响作用的刺激，不能仅局限于直观的商品、购物环境等，还应该包括所有可感知的刺激物，这类刺激物包括顾客受到外部影响后的情感、偏好、评价等。

基于前文对体验价值的研究、归纳可以看出：一是体验价值既包括个体亲自参与下所获得的感知，也包括个体受到外部吸引而发生作用后的结果；二是体验价值也将在个体内部产生综合性反应后形成相关的感知、权衡与评价等，这种综合性评价与感知也具有个体主观性；三是从现有研究看，体验价值也对购物意向或行为具有相关影响。而本研究认为，体验价值从某种意义来讲，具有和刺激相类似的功能与特征，因此，本研究将把体验价值作为外来刺激，引入S-O-R理论来研究其与地方依恋、真实性感知、购物行为意向之间的影响与关系。

（七）小结

通过对体验价值的文献回顾与梳理可以发现，体验价值是在顾客体验、顾客价值的融合下形成的新的研究领域，其就某种意义而言就是顾客价值。自20世纪90年代以来，国外围绕体验价值的研究逐步兴起，在从顾客价值演进到顾客体验价值的过程中，关于顾客体验价值的积极作用越来越被重视。在当下体验经济时代下，体验价值成为管理学、经济学的研究热点，尤其是关于体验价值的实证研究对诸多行业、产业和企业的发展具有积极的推进意义。现有的体验价值研究成果，为我们基本理清了体验价值的内涵，揭示了不同角度的体验价值的内涵，但这些研究仍未能就体验价值的概念、维度得以统一，还不需要继续研究、探讨。体验价值作为不同维度的变量存在，凸显了其重要作用，尤其是作为前因变量，其与地方依恋、顾客满意度、顾客行为意向间的关系和影响成为研究的焦点，但不同领域研究显示体验价值与相关变量的影响路径不同，还需要继续探索。尤为重要的是，体验价值作为个体在外部影响下形成的具有主观性的、综合性的感受或评价的存在，其作为外部对个体的一种刺激还未能得到更多的重视，也缺乏更多的研究成果，这将成为本文的研究重点之一。

二、地方依恋研究综述

（一）地方概念演进下的地方依恋

地方理论，在国外早已受到学者和研究人员的关注，并在长期的探索和研究过程中使得地方理论成为一个独立的研究体系。通过研究梳理发现，地方理论实际包含地方、地方感和地方依恋三个主要方面。作为地理学领域内的地方概念，基于不同研究视角，地方被逐渐引入人类学、社会学、心理学等不同学科领域。有的学者认为，地方包括客观物质、活动和意义三个元素，意义又进而包含了个人的态度思想和象征价值，因此不同人由于感受和思想的不同对于地方意义的理解也不同。但与此同时，Gustafson认为地方有位置、物质形式、价值和意义这三个构成要素。人对地方的感知很大程度上不再是一个抽象的意义，而是在人的主观判断情况下建立起的人与地方之间的关系，在人与地方的互动过程中不断深化而最终形成的一种感知。对于人文主义地理学而言，地方不仅是客观存在的环境，还是通过个人对地方的经验和体验后延伸发展而来（黄礼强、张长义，2008）。地方不因空间或尺度大小而受影响或存在，是由物理性的客观环境、活动与意义构成的产物（Relph，1976）。地方是个人面对和关注的物件，也是促使个人产生感觉、知觉、愉悦等情感的原因（Steele，1981）。更有学者提出，地方蕴含了个人认知、情感和行为（Canter，1991）。尽管地方的概念在不同学科、不同视角被不同的学者们所研究和定义，但这些定义最终都基本明确了地方是人与物理环境相互作用下产生的，是物理环境与个人心理的综合呈现，它包括以地理位置和物质形式存在的物质，和以地方拥有的价值与意义存在的精神。

基于上述背景，人与地方密不可分，但二者之间的内在关系究竟如何，这便成为诸多学科关注和研究的热点。为此，恋地情结、地方感等相关概念被提出，并成为研究人与地方关系的基础。Tuna（1976）提出"恋地情节"，关注人的情感并以此来解释人与地方之间的情感联结，同时在情感的层面上对地方依恋进行定义，这被视为地方依恋理论研究的开端。相对于之后学者们提出的地方依恋，地方感体现的是人对特定地方互动后产生的情感依附与认同，来源于人对特定地方的情感体验，但更重地方（朱竑、刘博，2011）。同时，依恋也被心理学引入进而研究地方，提出了地方是依恋发生的基础，依恋是个人对地方体验和认知后的情感反应（周慧玲、许春晓，2009）。在地方依恋的情感中，与 Relph（1975）所提出的地方感所不同的是，地方依恋着眼于人与地方的正向情感，即人与地方所产生的一种依恋的关系。人对于一个地方所产生的态度，有可能并不仅仅因为这个地方本身对于人产生的吸引，也有可能是因为在这个地方所进行的活动被人所认可。

国外学者对地方依恋概念的研究始于20世纪80年代末，最早发展于环境心理学，是人文地理学和环境心理学的核心内容，是地方理论的重要研究方向，是个人对某一特定环境如建筑、家、目的地、地方及城市等的情感联系，随后在人文地理学领域引入概念。地方依恋最初被定义为人与居住地间的情感联结，这里的情感既包括了正性的积极情感，也包含了负性的悲伤情感（Shumaker，1983），但目前学者们通常认为的地方依恋指的是积极情感，这种情感可以让个人感到愉悦、满意等。

地方依恋中的情感成分在人地关系中起核心作用，其产生的原因可能是人们世代生活在此（Hay，1998），也可能是人们在这个地方会感到舒适和安全（Hidalgo，2001）。地方依恋是人与地方之间基于情感（情绪、感觉）、认知（思想、知识、信仰）和实践（行动、行为）的联系，情感因素排在首位（Williams & Roggenbuck，1989）。在人地接触中，无论人的情感还是行为都可以作为判断其地方依恋程度的依据，强烈的依恋感体现在包括对思想、价值甚至信仰的认同。黄向（2006）将地方依恋理论首次引入到国内开展研究，并将地方依恋界定为"个体与特定地点在情感上的联系"。

这些研究从可能形成地方依恋的因素、情绪、行为趋向等分析了人们对居住地的依恋，但不足之处在于未能注意到人们与非居住地之间可能形成的依恋关系。对此，有学者关注并进行了研究后发现，个体对某个特定的、依恋的地方能获得比其他地方更好的感知；在特定的依恋地及其环境下，能够促进个体对休闲经历的追求、对与自然环境相联系的身心和社会利益的追求（Kyle，2004）。旅游者因过去的游历形成对某地的地方依恋，这对其在该地方的休闲需求与消费行为具有显著的影响（Hailu，2005）。这些研究逐步将个人与居住地的联结拓展到与非居住地的情感联结上。地方依恋行为成分是指与地方依恋有关的行为及倾向，主要特征是保持与某地的接近（Hidalgo，2001），这些在对宗教朝圣、灾后重建等研究中得到了验证。地方依恋的认知成分是建立在对地方的感知、记忆等基础上的态度、判断、信仰、价值观以及地方的象征意义。

在此基础上，Scannell（2010）等通过研究，构建了地方依恋的三维框架理论，即地方依恋是由"人（个人或群体）—心理过程（情感、认知和行为）—地方（强调社会特征或物理特征）"三方面构成，通过此理论框架将零散的地方依恋概念组织起来。鉴于这一模型将重点放在成年群体的地方依恋，有学者将地方依恋引入到研究儿童群体，指出了儿童群体与依恋物件接近时的安全感会启动其"探索动机"，激发儿童与地方的相互作用，如果产生自由、愉悦感等积极情绪，就会形成地方依恋；如果在此过程中感知到了痛苦等消极情绪时，儿童的"依恋动机"将取代"探索动机"，促使儿童重新寻找出舒适感，并在循环过程中因形成新的愉悦感而产生地方依恋（Morgan，2010）。这一理论被定义为地方依恋的发展理论，为解释地方依恋与行为特征提供了良好的视角。除了这些理论外，有学者将时空常规与身体芭蕾相结合，指出个人或群体长期性或重复性地到某个特定地方，就会形成地方芭蕾，为解释地方依恋的形成提供新的视角。

从地方、依恋、恋地情结、地方感到地方依恋，不同学科、视角下形成的概念的表述虽有所区别，但这些概念最终构成的地方依恋呈现出这样的特征：一是地方依恋是人与地方的情感联结，这里的人可以是个体或群体，地方可以是居住地或是其他个体感知的地方；二是从形成过程看，是个体或群体对某一地方的社会特征或物理特征的整体感知，具有个体或群体的主观性、偏好性；三是地方依恋是个体或群体与地方间相互作用的所有情绪，但更多的是积极情绪或消极情绪发展后的积极情绪，此类情绪通常表达出人对该地方的向往，以及从中感到舒适、安全、愉悦等；四是地方依恋中的地方即是个体或群体关注的物，它是催生或给个体及群体以感觉、愉悦等积极情绪的来源。基于上述分析，本研究定义的关于民族旅游景区的地方依恋是由旅游主体（旅游者）—心理作用过程—旅游目的地（旅游景区）组成的三维形式，是旅游者在对景区良好的旅游体验价值催生下，产生的对旅游景区的安全、放松、愉悦、满意等积极情绪后形成的人地关系。

（二）地方依恋的测量

地方依恋的研究基本是以测量统计的科学实证为主，具有较为成熟的测量量表。现阶段已经形成了较多的关于地方依恋的测量量表，比如Williams（1989）提出的 Likert 二维量表，认为地方依恋包括地方依赖和地方认同两个方面。除此外，主要量表还包括Guttman量表，主要用于测量本地居民的地方依恋程度，测量方法为请受访者根据问卷的内容回答是或否。相较于Gunttman量表，Likert量表并不受研究对象的限制，Likert量表的测量方法为请受访者根据对问卷中问项的态度来选择从"很不同意"到"很同意"之间划分的某一选项。现阶段的各类研究较常用的就是以Williams 的研究为代表的二维度 Likert 量表。在测量的过程中，绝大多数研究者都以人们的态度为主要依据，以科学实证的统计分析方法为依据，借助量表来完成，通过编制维度构念、问卷设计题项直接对其进行测量。测量地方依恋的题项的数量随着应用环境的变化也存在不同，但是在对于旅游的研究中，大部分的研究采用地方依恋与地方认同的二维量表。诸如，张芳芳（2011）、陈敬婷（2015）、钱伟祥（2015）、吴亚云（2016）等在研究中，对地方依恋的研究中就使用地方依恋与地方认同的二维量表。

（三）地方依恋的维度与形成

对于地方依恋的维度，因认知和侧重不同，维度也有所不同，但地方依恋的多维度是学术界的基本共识。地方依赖和地方认同共同组成地方依恋，地方依赖是指个人对特定地方拥有的功能性的依赖，这些功能可能是环境、资源、设施、服务等；地方认同是指个人对特定地方的情感依恋，这种依恋可能来源于对当地文化、价值、意识、宗教、行为、习惯等的综合影响，在影响下个体将自己定义为该地的一分子（Williams，1992）。在 Williams 的地方依赖和地方认同二维结构外，Henderson（2003）等根据地方依恋的形成机制提出从物质和精神方面来构建旅游地地方依恋。

在此基础上，有学者在地方依赖、地方认同的基础上，增加了社会关系为地方依恋的内容（Kyle，2005）；也有学者提出增加生活方式为地方依恋的维度（Bricker，2000）。也有学者将地方依恋划分为四个维度，包括"地方依赖、地方认同、情感依恋、社会联结"（Jorgersen，2006）；唐文跃等（2007）将观光游客的地方感依次分为自然风景、社会人文、旅游功能和情感依赖四个维度；许振晓（2009）提出了包括地方认同、地方依赖、情感依赖和社会连接四个方面的地方依恋；黄向等（2014）认为，地方依恋的结构可由环境景观、休闲、人际社交和设施服务四个维度构成。除此之外，Williams & Stewart（1998）还对地方依恋感的强度做了区分，提出了熟悉感、归属感、认同感、依赖感、根深蒂固感五个有联系并呈现递增的地方依恋度。而 Morgan（2010）在构建地方依恋发展理论中，基于对儿童的研究提出了儿童依恋的主题是爱、安全、快乐、悲伤、认同。在这些研究维度中，目前被较多研究者认可的是二维分法，即地方依恋由强调功能性的地方依赖和重视情绪依恋的地方认同组成。本研究也将借鉴二维度分法，研究旅游者的地方依恋。

理清地方依恋的形成机制，对于运用地方依恋拓展实证研究具有积极意义。Henderson 等（1999）将少年聚会场所作为研究物件，分析了该场所从"公共空间"成为"聚会的地方"的过程，以此揭示了地方依恋的形成机制。周慧玲等（2009）对自主旅游者的地方依恋形成进行了研究，指出旅游者首先通过信息形成对某个特定场所意识上的概念印象，这种印象在能被旅游者接受的情况下产生实际的旅游行为和过程；在该特定场所实际旅游和体验后旅游者会再次形成特定的印象即基模场所，当基模场所超过概念印象场所的预期并与个人价值相契合时，即经过一个"内省"的过程，地方依恋就可能产生。尽管关于地方依恋形成机制的研究不多，但上述的研究却为我们揭示了旅游者地方依恋形成的两个阶段：第一阶段是旅游地提供的各类综合信息与旅游者获知信息后综合作用的阶段过程，其结果是形成的具有旅游者主观性的场所印象，这个印象的好坏决定了旅游者是否决定到该地参与旅行；第二阶段是旅游者在实地体验价值后形成的主观综合感知印象，主观综合感知印象与第一阶段的主观场所印象在内在对比后，旅游者如能在过程中感到安全、满足、愉悦等，就会给出积极评价，则可能会形成对该地的依恋。Scannell 等构建了"人—心理过程—地方"三维形成理论，这一理论被范莉娜等（2014）在对地方依恋的研究述评中引用并被延伸。当然，在旅游地地方依恋形成过程中，投入、奉献、阻抗（自我阻止）对不愉快经历进行有意识的回忆，均会积极影响旅游者行为的忠诚度

（Loureiro，2014）。由此可以得出，旅游者地方依恋的形成虽然具有个人强烈的主观性，但也与地方能够提供的、可以使旅游者获知并得到良好感知的各类综合信息（物理性、精神性）密切相关。

（四）地方依恋与相关因果关系研究

1. 作为结果变量的地方依恋的影响因素

Graefe（1994）以观光铁道的旅游者为研究对象，通过研究发现地方依恋程度受到多方面影响，而地方依赖与地方认同呈现出显著的正向相关关系。Smith（2002）在对于城市中心居民对乡村地方依恋的研究中发现，文化因素是影响依恋的重要因素。Moore（2003）在对公园路径的研究中证实，较高的使用频率对地方依恋拥有正向影响。与此同时，使用者对休闲活动的热衷程度也是地方依恋的影响因素。但尤其需要关注的是，地方依恋的主体是个人或群体，因此形成地方依恋的前因变量研究重点也主要是围绕对人的影响来研究的，即哪些因素会促使人形成地方依恋。针对旅游地而言，学者又把人分为旅游地居民、旅游者等。

对于居住地，本地居民因出生等相关原因，一般最先、最有可能频繁地接触，居住促进了个人在当地社会关系的发展，在特定地方长期居住能够加强其地方依恋。出生在本地的居民对居住地的依恋程度比出生在其他地区的居民高，而且与居住时间无关（Lallim，1992），但也有研究者持不同看法，认为居住时间正向影响地方依恋的产生（Ryan，2008）。居民在某地的停留，会随着时间加长、环境熟悉而逐步提升自身"局内人"的感知，对该地方的认同越强烈（Hay，1998）。在对皖南村落居民进行地方依恋研究中显示，居民从古村落旅游发展中获得收益的大小影响地方依赖，而居民在古村落居住时间影响地方认同（唐文跃，2011）。居住时间、游客不文明行为的干扰、旅游就业机会以及当地政府的决策行为等对居民地方依恋与地方认同产生重要的影响（谷慧敏，2013）。通过对草原旅游地居民地方依恋与情感保护的研究发现，不同年龄人群居民对草原的依恋程度存在差异，已经长期生活在草原的中老年人群对草原的依恋程度明显高于年轻人（秦兆祥，2017）。对于不同居住地，气候也会影响到居民的地方依恋程度，居民感知的地方气候条件越好，对居住地的依赖越强，对地方认同的影响作用更显著（Knez，2005）。近年来，海南冬季良好的温度条件、常年优良的空气质量和持续优化的发展环境等构成了独特的地方特征，提升了本地居民尤其是美丽乡村居民的地方依恋程度。另外，社会因素也是影响居民地方依恋的重要因素。在以阳朔西街为例进行的本地居民地方依恋的变迁研究中发现，商业化是影响该地居民地方依恋的重要因素，适度的商业化对提升当地居民的地方依恋有积极作用，商业化过度将可能导致各群体的地方依恋会减弱甚至中断（保继刚、杨昀，2012）。地区性的传统节日会促使人们对当地产生积极的依恋（陶伟等，2014），创新设计的城市空间可以有效促进居住者产生地方依恋感（Gospodini，2004）。在对城市公园使用者休闲涉入对地方依恋影响的研究中发现，休闲涉入对于地方依恋有正向相关关系（袁苏，2015）。休闲涉入和城市特征对地方依恋之间有显著的影响关系（贾衍菊，2016）。

对于因主观场所印象而决定到旅游地旅行的旅游者而言，形成地方依恋的影响因素有很多，但是旅游者的旅游动机却特别重要。宗教圣地的环境设施、社会支持等因素会积极影响宗教信仰者对当地的感知和评价（Ruback，2008），宗教信仰者比非宗教信仰者对宗教地的依恋度高。游客涉入是由游憩活动、旅游目的地及其相关产品所引发的个体动机和心理状态，与旅游动机一样对地方依恋具有驱动性（王坤等，2013）。在历史文化街区旅游研究中发现，吸引力、自我表现和生活中心性涉入等对地方依恋均有相关影响，但吸引力涉入的影响最深；而且，具有不同人口特征和行为特征的旅游者，其涉入情况对地方依恋关系的影响程度也是有差异的（钱伟祥，2015）。在以中山市为例的地方依恋研究中，研究者发现客源地、教育程度、职业、收入在地方依恋上存在明显差异，即对地方依恋有影响，特别是客源地和收入这两个变量的影响度极大（闵祥晓等，2015）。另外，旅游花费、对目的地的熟悉度、游憩活动的专业化程度、与同行者的关系等，也是影响地方依恋的重要指标（Jorgensen，2006）。除此外，重游型旅游者对老街的购物忠诚度高，说明增加旅游者的游览次数可以强化依恋情结（钱树伟等，2010），游客地方认同、地方依赖、情感依恋的程度会随着满意度水平的提高得到进一步加强（Walker，2008）。

基于上述研究可以看出，旅游地地方依恋的形成并非当地居民或旅游者无缘由的自我臆断或决断，而是根据其内在经验、外在环境以及长期和地方互动的社会参与下产生，也可以通过另外的视角将其归结为人口统计学因素（年龄、收入、教育程度、职业等）、物理环境因素（对特定地方的熟悉度、访问频次、空间距离、地方环境等）和社会因素（社区关系、安全感、商业化等）；具体到旅游活动，体现为旅游者的基本特征（年龄、性别、受教育程度等）、旅游者的行为特征（信息来源、旅游动机、出游类型等）和旅游景区的基本情况（景区类型、消费水平等）。

2. 作为前因变量的地方依恋的效应分析

地方依恋因其会对人对特定地方的感知产生影响，并进而因影响人对旅游地的综合感知、满意度、忠诚度、购物意向，以及影响人对环境的认知和自身的某些行为等，使得地方依恋的效应研究成为焦点。学者们通过系列研究后指出，地方认同、地方依赖是测量旅游者感知的显著因子，在地方认同上赋分高的旅游者更容易感觉到场所的拥挤度，而在地方依赖上赋分高的旅游者则对场所拥挤作出认可性评价（Kyle，2003）。地方依恋程度高的居民认为水资源是极其重要的自然资源，并因此对水资源的质量和保护持更加重视的态度（Guillou，2011）。除了研究地方依恋对主体的感知影响外，地方依恋对主体的满意度、忠诚度影响更是研究的重点。地方认同、地方依赖作为地方依恋的两个维度，其对旅游者满意度均有显著的正向影响（Yuksel，2010）。这一影响在国内学者以苏州观前街为案例，研究顾客地方依恋与购物满意度关系中也得到了验证，并指出了情感依恋提升增强顾客购物忠诚度（钱树伟等，2010）。在研究观光旅游情境时，也发现了较高地方依恋的旅游者表现出来的游览满意度也比较高，其中地方认同对旅游者满意度及忠诚度、对旅游者行为的正向影响均高于地方依赖（王江哲等，2017）。反过来，对某个特定地方的情感依恋还能解释游客的重游行为（Petrova，2011），即让旅游者对某个特定地方的依恋程度高时，在选择旅游目的地时更倾向于依恋地。旅游者对旅游地的依恋程度越高，个人重游、向外推荐的意愿就越强（江春娥、黄成林，2011）。作为最高强度地方依恋的根系情结，对旅游目的地忠诚度具有正向作用，并会催生重游（李能斌等，2016）。也有学者认为，地方依恋对满意度具有显著正向关系，但并不能在任何情况下显著影响忠诚度。

在对地方依恋与旅游者感知、满意度、忠诚度等研究的基础上，学者们还注意并研究了因地方依恋而形成的人地间特殊情感对旅游地环境保护问题，以期待实现旅游尤其是旅游目的地的可持续发展。居民对其生活地方的依恋越强，就越支持当地的保护态度（Wickham，2001），特别是对当地环境的保护态度（Fleury，2008）。地方依恋对古村落居民的资源保护态度有显著正向影响，地方依赖主要是通过地方认同影响居民的资源保护态度（唐文跃等，2008）。地方认同被认为具有调节个体环保行为倾向的作用（Vaske，2001）；地方依恋作为影响因子，能有效改善个人的环保行为（Gosling，2010）。多数研究者认为，对旅游地的依恋越强，越会做出有利于环境的行为（Ramkissoonh，2013）。通过对九寨沟的研究发现，地方依恋对环保行为倾向有影响，地方认同主要对旅游者遵守型的环保行为倾向产生影响，而主动型的环保行为倾向主要受地方依赖影响（万基财等，2014）。有研究对地方依恋与环境负责人行为关系进行探索，指出地方依赖显著正向影响环境负责任行为，地方认同部分显著正向影响环境负责任行为（余及斌，2015）。在以武汉东湖为例的湿地公园研究中发现，地方依恋与对东湖的环境负责任行为直接相关，对武汉东湖地方依恋度高的旅游者会自觉保护湿地并积极劝导周边人群；同时，还要通过宣传、教育、参与体验等方式提升旅游者对湿地的认识和感知，以更好地实现对湿地的保护（邓祖涛等，2016）。当然，也有不少研究指出，地方依恋下的地方保护或环境保护行为也可能表现为阻止对现状的改变或积极支援保护性的开发。但实质上，其本质是对阻止对地方的破坏行为，支持对地方的保护行为，都是为了更好地维护人地之间的情感联结。

3. 地方依恋的其他相关研究

还有学者主张将外来经营者作为地方依恋的主体开展研究。在以阳朔为案例的对旅游社区外来经营者地方依恋的特征分析研究发现，不同类型经营者对阳朔的地方依恋和表现强度不同，生活方式主导型的经营者对阳朔的地方认同比较高，对西街的地方情感认同和地方经济依赖在商业联结主导型经营者中表现得都比较明显，但利益驱动型、厌倦地方型经营者主要是追求短期经济利益（杨昀、保继刚，2012）。在对丽江古城的研究中发现，外来经营者的地方认同强于经济依赖，但对地方保护行为起重要影响的是经济依赖，而经济依赖必须通过地方情感认同来影响保护态度（徐雪，2016）。这一视角拓展了对地方依恋主体的研究视角，也从另外的视角提升旅游经营者对地方的保护。除此外，也有将地方依恋作为中间变量，研究旅游者与环境友好行为之间的关系（黄涛、刘晶岚，2017）；还有将地方依恋作为联系变量，研究其与活动涉入、环境感知间的关系（吕明红，2012），研究深度休闲、游憩专门化与地方依恋间的关系（汤澍等，2014）。

本研究对前人已有的关于地方依恋的部分研究进行了相关整理（见表2-4）：

表2-4　地方依恋变量分析表

学者	年份	变量	研究结论
Lallim	1992		出生地居民对居住地的依恋程度比其他地区的居民高
Gospodini	2004		创新设计的城市空间可以有效促进居住者产生地方依恋感
Knez	2005		居民感知的气候条件越好，对居住地的依赖越强，对地方认同的影响作用更显著
Jorgensen	2006		旅游花费、对目的地的熟悉度、游憩活动的专业化程度、与同行者的关系等，是影响地方依恋的重要指标
Ryan	2008	影响地方依恋形成的因素	居住时间正向影响地方依恋的产生
保继刚、杨昀	2012		适度商业化对提升当地居民的地方依恋有积极作用,商业化过度将可能导致各群体的地方依恋会减弱甚至中断
陶伟等	2014		地区性传统节日促使人们对当地产生积极依恋
王坤等	2015		游客涉入与旅游动机对地方依恋具有驱动性
钱伟祥	2015		吸引力、自我表现和生活中心性涉入等对地方依恋均有相关影响
闵祥晓	2015		客源地、教育程度、职业、收入在特定城市的地方依恋存在明显差异
秦兆祥	2017		不同年龄人群居民对草原依恋程度存在差异

学者	年份	变量	研究结论
Hay	1998	形成地方依恋差异因素	居民在某地停留时间越长,对该地地方认同越强烈
钱树伟等	2010		增加旅游者的游览次数可以强化依恋情结
杨昀,保继刚	2012		不同类型经营者对地方依恋和表现强度不同
徐雪	2016		外来经营者的地方认同强于经济依赖,但对地方保护行为起重要影响的是经济依赖,而经济依赖必须通过地方情感认同来影响保护态度
Wickham	2001	作为前因变量的地方依恋的影响	居民对其生活地方的依恋越强,就越支持当地的保护态度
Vaske	2001		地方认同具有调节个体环保行为倾向的作用
唐文跃	2008		地方依恋对古村落居民的资源保护态度有显著正向影响
Yuksel	2010		地方依恋的两个维度地方认同、地方依赖对旅游者满意度均有显著正向影响
Gosling	2010		地方依恋能有效改善个人的环保行为
钱树伟等	2010		地方依恋对购物满意度有显著正向影响
Guillou	2011		地方依恋程度高的居民对水资源的质量和保护持更加重视的态度
Petrova	2011		旅游者在选择旅游目的地时更倾向于依恋地
江春娥、黄成林	2011		旅游者对旅游地的依恋程度越高,个人重游、向外推荐的意愿就越强
Ramkissoonh	2013		对旅游地依恋越强越会做出有利于环境的行为
万基财等	2014		地方依恋对环保行为倾向有影响
余及斌	2015		地方依赖显著正向影响环境负责任行为,地方认同部分显著正向影响环境负责任行为
李能斌等	2016		作为最高强度地方依恋的根系情结,对旅游目的地忠诚度具有正向作用,并会催生重游
邓祖涛等	2016		地方依恋与环境负责任行为直接相关,要通过提升旅游者对湿地认识和感知更好地实现保护
王江哲等	2017		较高地方依恋的旅游者的游览满意度比较高,其中地方认同对旅游者满意度及忠诚度、对旅游者行为的正向影响均高于地方依赖

资料来源:本研究整理

（五）基于 S-O-R 理论下的愉悦与地方依恋

相对于心理学"刺激—反应"理论未能揭示外部刺激最终促使个体形成行为反

应过程中的内在感知变化，"刺激—机体—反应"（S-O-R）理论弥补了这一缺憾，对个体在受到外部刺激、形成内部感知与行为意向进行了研究和论证，并提出了刺激后个体形成内在情绪的两个维度愉悦和唤醒。愉悦是个体受到外部刺激后形成的内在的积极、正向的情绪，通常表现为安全、舒适、放松、可控制等带来的快乐感。对于个体而言，对某些特定环境、商品、服务等在购物前或无意识、或因个人偏好会形成基本概念或印象；在购物过程中，个体通过体验会形成属于自己的体验价值；如果个体的体验价值与之前的基本概念或印象相符、或高于期望预期，就会形成高兴、愉悦的积极情绪。积极情绪是能够产生良好的生理感受和情绪体验的情绪，它能驱动消费者做出决策（李爱梅等，2009）。学者们研究发现，颜色会刺激消费者并产生不同类型的情绪，购物环境下的暖色会分散注意力，冷色会感到平静与愉悦，相比而言红色比蓝色可以让消费者展现出更愉悦的情绪，这些情绪对消费者的购物行为产生不同影响（Bellizzi，1992）。在员工制服颜色上，在接触到高亮度、低饱和度颜色的制服时，消费者通过体验感知容易形成快乐、兴奋等愉悦感，并进而提升消费者的购买意愿（姚琦、王佳丽，2016）。愉悦性会增加消费者对网店的关注和浏览，形成冲动性购买的欲望（魏守波、程岩，2012）。对于网购顾客，其通过网站提供的产品、服务等外部刺激形成了积极、正向体验价值，并因此会形成满意的愉悦感、在该网站继续购物的承诺感，这些将驱使顾客产生向他人分享购物体验和推荐购物网站的行为（孙乃娟等，2016）。通过对推荐者社交网站的研究发现，信息丰富度、客制化、视觉性将促使消费者产生愉悦情绪，并对愉悦具有显著影响作用，愉悦会显著、正向地影响消费者的购买意向（范静等，2014）。以此可以看出，个体通过参与等形成的符合与高于原有印象或概念的、良好的体验价值，会促使个体在内心形成安全、舒适、自由、兴奋、高兴等愉悦感，愉悦感会促使个体产生购物意向或行为，这种意向或行为有可能长久持续。

地方是由地理位置、物质形式及其拥有的价值和意义组成（Gustafson，2001）。在人地关系形成的特殊情结中，个人因对地方提供的物质层面的功能性依赖，或精神层面的认识、偏好、价值、意义等形成的情感依赖，而产生对特定场所或地方的依恋。对于地方依恋而言，它是个体亲自对该地有了体验后和对比后形成的综合性感知、评价等情绪，这种情绪通常更多被定义为是积极的，主要体现在该地的某些设施功能或价值、文化等能够让个体感到可用、安全、自由、高兴等，从情绪上而言集中体现为能够让个体的感官或精神感到愉悦。而且，因个人的人口特征、偏好等存在差异，每个人对同一地方的愉悦感不同，依恋程度也有所不同。

综上可以得出这样的判断，愉悦和地方依恋作为研究外部刺激与意向行为间的中间变量，均是个体受到外部刺激后历经一个复杂的心理过程而形成的积极、正向的情绪反应；这种反应既与环境因素、物理因素有关，也与个体的人口基本特征、偏好等有关，具有个体的主观性与不同人之间的差异性；这种情绪综合表现为个体刺激后的愉悦，并对个体的购物意向或行为产生影响。因此，本研究将把旅游者在民族旅游景区体验价值下形成的对景区的地方依恋确定为旅游者受到外部刺激后形成的愉悦，来研究地方依恋对旅游者购物行为意向的影响。

（六）小结

前人们的研究，已经较为清晰地为我们定义了地方依恋的概念，某种程度上区分了地方感与地方依恋、地方认同与地方依赖的定义。旅游者的地方依恋是旅游者通过对旅游景区亲身游览和文化、价值体验感知后形成的旅游体验价值（外部刺激）作用下，在内省过程中形成的对旅游景区的安全、自由、兴奋等愉悦性的积极情绪（依恋）。在理清概念的基础上，学者们还对地方依恋的影响因素、形成机制、影响效用进行研究，旅游者、当地居民、旅游区外来经营者是地方依恋的主体，主体的人口统计特征、地方的物理特征以及人与地之间的社会关系是地方依恋形成的主要因素，地方依恋对主体感知、满意度、忠诚度、负责任态度、保护行为的关系也得到不同领域的研究和验证。在实证研究上，鉴于地方依恋的人与地的特殊情结，地方依恋主要被引入历史文化景区、自然风景区、古村落、宗教地等开展研究。这些研究成果，为在地方依恋视角下引导个人的保护行为，促进旅游地的保护，实现旅游地与旅游者、当地居民的和谐发展提供了理论指导和实践案例。但通过梳理也发现，对外来经营者地方依恋的研究还刚起步，对地方依恋的形成机制研究尚处于初级阶段，把地方依恋作为变量研究旅游者景区购物意向或行为还比较少，把地方依恋引入SOR理论当中，来研究体验价值与购物行为关系还尚未发现，这将成为本研究要探索的重要问题。

三、真实性感知研究综述

（一）真实性概述

关于"真实性"概念，至今尚未能统一，正如有学者指出，有多少真实性的理论，就会有多少"真实性"概念被提出来，这也从一定程度上指出了"真实性"研究的学术热度。到底什么是"真实性"，是客观存在的公众认可的真实性，还是个体主观感知的自我的真实性？要理清真实性，必须回到词源学上考虑其本义，这也是厘定"真实性"概念内涵和外延关系的基本步骤。"真实性（authenticity）"源于希腊文，被称为原真性、本真性、可靠性、准确性。在研究过程中，Authenticity通常被被翻译为 original（原初的）、real（真实的）和 trustworthy（可信的）。有学者认为对 authenticity 的翻译应凸显出"原初"和"真实"的特征，认为"原真性"比较符合（徐嵩龄，2008）。也有学者提出"本真性"译法，但以此开展的研究尚不多。有学者对前人的研究归纳后指出，"真实性"被更多运用于旅游研究，"原真性"常用于文化遗产保护研究，而社会学、民俗学通常使用"本真性"（张朝枝，2008）。基于不同的视角和学科，本真性、真实性被更多运用于研究旅游主体即旅游者体验；在研究旅游客体过程中，原真性更多适合于文化遗产研究，真实性适合于某些以质量决定吸引力的旅游吸引物和旅游服务等研究（赵红梅、李庆雷，2012）。

真实性之所以出现并被广泛研究，学者们认为主要源于两方面：一是由于第二次世界大战后大众旅游兴起，各类"商品化"和虚假事件逐步盛行，"失真"现象日益泛滥；二是由于"现代性"滋生的危机感、漂泊感等无法治愈，需要通过旅游寻找真实性弥补现代性导致的世界的支离和虚假（赵红梅、李庆雷，2012）。真实性的研究应用始于西方学者对博物馆内展品的研究，后被引入到通过哲学视角研究人类存在主义。Boorstin（1961）通过研究，揭示了旅游业存在的"虚假事件"，逐步揭开了旅游中真实性的话题。作为真实性问题的研究发起者和代表人物，MacCannell（1973）首次将真实性概念引入到旅游学研究当中，并因此引起了学术界的各种研究和讨论。

自 20 世纪 60 年代"真实性"被提出以来，纵观国内外学者关于真实性的研究，重点是围绕真实性的客观性还是主观性问题，形成了一系列成果。这些研究成果依据其对真实性的认知和界定，大致可以划分为客观主义真实性、建构主义真实性、后现代主义真实性和存在主义真实性。

提出客观真实性的学者们认为，作为旅游客体的旅游吸引物本身具有某种特性或属性，这种属性可以通过测量来评定其真假，重点强调的是旅游客体的真实性。作为客观真实性的代表人物之一，Boorstin（1964）认为探险因真实、自然是真正的旅游活动，其他大众能轻易实现的喜欢的旅游活动多是策划的"伪事件"；而 MacCannell（1973）在舞台真实理论中指出，现实生活的失真是游客出游并追求异地真实性的动机和目的。MacCannell 最重要的理论贡献是提出"前台、后台"的理论，其中"前台"是旅游服务者和旅游者相互交往的空间；"后台"是东道主封闭不愿让旅游者打扰的地方，也正是游客一直追求的场所，是为了避免文化真实性的破坏，而让旅游者看到的是经过东道主"装饰"过的，误导游客信以为真。MacCannell 对舞台真实性持否定的态度，认为舞台真实的危害更大。但应该注意的是，客观真实性是一种以客观标准来衡量的标尺，客观真实性大多不是或无法由旅游者感知，而是专家来辨别。但是伴随社会的发展，不能用固有的封闭式状态来看待民族地区的发展尤其是文化传承与传播，因为随着社会交往和全球化的加剧，文化也会相应发生变迁，因此建构真实性理论开始出现。

对建构主义者而言，Choen（1988）提出了舞台猜疑模式，并在此基础上提出渐变真实性概念，指出了随着时间演变，人们会接受原本非真实的旅游产品。真实性看上去是真实的，但并不是因为客观真实性本身，而是依照旅游者或者旅游产品的一些看法、需求进行改造成的，即所谓的真实性是可以塑造的。不同于客观真实性认为产品的商品化和舞台化会破坏民族文化真实性，建构真实性则认为舞台化为民族文化注入新鲜力量、成为独有象征符号。因此，游客在前往目的地游览体验的时候，并不一定是因为客体本身的真实性而欣赏，游客有可能误将其当作真实性的符号。Bruner（1994）认为世界万物是变化的，没有一个绝对不变的标准作为参考，而是复制出来的真实性，况且真实性也是不同利益群体各自的解释，而且不同游客对于真实性有着差异性的体验。Cohen（1988）认为文化产品真实性与否，主要取决于游客个人和所需的体验类型有关，例如知识水平相对较高的人对于真实性的要求就比一般游客严格一些。Wang（1999）通过对真实性研究的梳理指出现有研究的五个共同点：一是不存在绝对静态的本原真实；二是原本真实存在的也应根据需要被重新建构；三是是否真实取决于旅游者体验后的感知；四是真实性反映了旅游者对旅游客体的印象与期待；五是非真实性的事物会随时间演变而成为渐变真实。因此，真实性不是存在旅游客体的固有不变的属性，而是在不同时空条件、不同群体参与下的社会建构过程与结果，具有易变性、弹性、可塑性、情境性、多元性等特点（赵红梅、李庆雷，2012）。建构真实性认为，旅游者寻求的是与自身对旅游目的地、旅游客体的印象、期待和感知相符的一种自我感知和评价的真实性，并非客观真实性。

后现代真实性的研究相对而言显得更加"另类"，它并不以客体是否真实作为评价标准，不在于是否失真，而是关注了"后旅游者"的视角。后现代主义者认为真实性已经超越了"真"或"假"的界限，是一种"超真实"（Baudnllard，1988）。旅游客体被旅游者体验为真实时，并不是因为其客观真实，而是成为真实性的符号或象征，并能以此凸显旅游客体的独特性和唯一性。这种旅游真实性是由各种旅游企业、营销代理、导游解说、动画片制作者等生产、制造的（Hughes，1995），其实质是一种针对特定群体的、虚假的真。后现代主义认为是真是假、是复制还是原件、真实性与否并不是问题，而是通过对旅游客体的模拟而衍生出"替代旅游"。后现代旅游是为了寻求快乐、享受生活，而不是追求所谓的真实性。后现代旅游认为旅游产品采取的战略是东道主制造产品的稀缺性和产品高额的价格，使旅游者认为是真实性的心理。后现代主义者认为全球化的发展使少数民族文化成为"濒危文化"，为

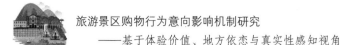

保护这些文化而建立博物馆等是可以被理解和接受的。后现代完全摒弃真实性的概念，为存在真实性的研究提供一种新的途径。

与客观主义真实性、构建主义真实性不同的是，存在主义者强调降低关于旅游客体的真实性的争议，将研究视角从旅游客体转到旅游主体身上，更加重视旅游者自我体验的真实性。存在真实性不关心旅游客体，而关注旅游主体的感受，主要是旅游者在短暂的行程当中所体验的情感认识，使旅游者体验到比日常相对真实的感知，其实并不然，也许主要是因为逃离日常生活，从事不一样的活动，最终与本真的自我相联系起来而形成的感知。Wang（1999）认为，存在真实性可以与旅游客体无关，它主要与旅游活动相关；他把存在真实性分为针对个人的内省真实性和针对群体的人际真实性。即使被旅游的客体是完全假的，旅游者还能从中追求到一种自我感知的真实性，即一种替换的、由旅游活动激发的存在的本真性。易小力等（2017）基于存在主义视角研究广东文化遗产地的旅游者如何检验他们自己的生活和所处环境的原真性，以及客的原真性是否会影响游客的忠诚度，发现个人内在的原真性会影响忠诚度，而人际原真性对忠诚度不产生影响。存在真实性是以存在论的角度认识游客的真实性感知，更多地关注游客的自身体验，被看作是一种简单、浪漫的自我寻求的过程。

从上述研究可以看出，客观真实性与建构真实性强调的都是客体的真实，即将真实性与对真实世界的体验联系起来；后现代真实性试图从仿制的、虚假的客体中寻找旅游兴趣；而存在真实性强调的是旅游主体的本真的、真我的存在状态，即将真实作为一种感觉，与对本真的自我体验联系起来。这些研究从实质上将真实性的研究视角由客体转主体、客观转向主观，这一变化反映了真实性内涵的延展与变迁，同时也凸显了旅游主体和游客体验的重要性。但是，在上述这四种视角的真实性上，它们相互之间不是替代关系，在主观体验与客观外物存在的前提下还应该一起考量，关键在于如何界定真实性，否则必将导致研究的繁杂与混乱局面（赵红梅、李庆雷，2012）。

在上述研究基础上，本研究对真实性的主要学派和观点进行了整理（见表2-5）：

表2-5 真实性的主要学派与观点

学派	观察视角	主要观点
客观真实性	旅游客体	旅游客体作为旅游吸引物具有某种属性，这种属性可以通过测量来评定其真假，强调旅游客体属性的原初真实
建构真实性	旅游主体	旅游者寻求的是与自身对旅游目的地、旅游客体的印象、期待和感知相符的一种自我感知和评价的真实性，是社会建构的过程与结果

学派	观察视角	主要观点
后现代真实性	旅游特定群体	旅游客体成为真实性的符号或象征,并能以此凸显独特性和唯一性,其实质是一种针对特定群体的、虚假的真
存在真实性	旅游主体	存在真实性分为针对个人的内省真实性和针对群体的人际真实性,存在真实性可以与旅游客体无关,它主要与旅游活动相关,旅游者能从旅游活动中追求到一种自我感知与体验的真实性

资料来源：本研究整理

鉴于学术界对于真实性并没有统一的概念，本文将以客观的真实性、建构的真实性、后现代的真实性、存在的真实性四大基本理论为基础对真实性进行界定：民族旅游景区的真实性是指能够反映原住居民历史文化、传统技艺等非物质文化遗产特征的所有旅游吸引物（包含自然景观、民族文化表演和人造景观）的真实，以及作为旅游主体的旅游者对民族旅游景区的体验和感知真实。

（二）真实性感知

感知是社会心理学中的一个重要概念，包括感觉和知觉，是指客观事物通过感觉器官在人脑中的直接反映。感觉是人脑对直接作用于感官的客观刺激物的相关属性的反映，人们通过感觉从外界获得想要得到的信息；知觉是人对客观环境、主体状态的感觉和解释，是人对客观事物和身体状态的整体反映（白凯等，2008）。

旅游感知是人们通过感觉器官获得对旅游物件、旅游环境条件等信息的心理过程（黎洁，2000）。旅游感知是旅游者作为主体对旅游客体的相关认知，因旅游主体自身差异导致对客体的感知也存在差异。旅游经济作为体验经济，其各类真实性都是建立在旅游体验基础上，通过旅游体验进行"真"或"假"判断，在此基础上进而产生真实性感知（卢婉莹，2016）。在基于维度指标可建构的前提下以及资料可获得性的基础上，可以将真实性感知分为客观真实性、建构真实性和存在真实性的感知（Kolar，2010；Goulding，2000）。近年来，旅游者对旅游目的地的形象感知、旅游设施感知、服务质量感知是研究的重点，另外也从旅游感知反过来研究旅游规划与空间行为、国外游客入境游等问题。在对文化遗产地的相关研究中有学者发现，其管理、营销主要基于顾客的真实性感知，并构建出了顾客与真实性的相关模型。感知差异对游客满意度高低有直接影响作用，旅游者感知的旅游形象与期望、偏好之间的差异越小、统一性越高，选择性可能性就越高（王家俊，1997）。与旅游者相比，日常消费者对商品的客观真实性的关注程度更高，旅游者更渴望体验的真实，而消费者更渴望商品或服务的真实；真实性应用的原则就是让产品、服务、体验变得更真实（赵红梅，2012）。

在前人研究的基础之上，本研究认为影响旅游者购物行为的重点不是客观的真实性，而是通过景区游览体验刺激过后对景区购物环境和客观商品所产生的主观的真实性判断，通过这种真实性良好感知可以唤醒旅游者的积极购物行为。因此，本研究关于真实性感知界定为：在景区游览过程中或过后，旅游者通过感觉器官对整个景区内风貌、文化、技艺、环境的客观布置以及旅游商品的民族性、文化、传承性和质量的"真"或"假"的心理判断。

（三）真实性感知与相关影响因素研究

1. 旅游业中真实性感知影响因素

基于对真实性、真实性感知的概念、维度的剖析，可以看出真实性感知作为一种个体的感觉、知觉，在旅游过程中其感知到的真实性主要取决于旅游者本身，不同旅游者存在对同一旅游客体的差异化的真实性感知。国外学者研究认为，对于特定的旅游客体，旅游者的感知印象是不同的；持宽松标准的旅游者与持严格标准的旅游者对于舞台的真实性持的态度可能会截然相反（Cohen，1988）。Michael et al.（2008）提出影响真实性的三个关键因素，即个体、事物、他人，个体会随着时间和环境改变对真实性的看法。通过对主题公园的研究发现，无论真实或创造的遗产环境均会被不同的旅游者从不同角度所认可，形成自我对这些环境的真实性感知（Alisonhe & Richard，1999）。在遗产旅游研究中，旅游者的个体特征如年龄、性别、个人收入、学历、重游经历等对旅游者的真实性感知具有显著的影响（Waitt，2000）。旅游者自身行为、态度信仰对朝圣者的真实性体验具有显著影响（Beihassen，2008）。在追求真实性上，学生群体相对要高于普通市民（Waller & Lea，1999）。Kolar & Zabkar（2010）在基于消费者模型的基础上，通过对遗产地进行调研发现，动机是客观真实性和存在真实性的重要前提，真实性是动机和忠诚度的中介变量，为旅游目的地的管理和营销提供基础。旅游者通过流行的媒体、技术，甚至口碑有助于他们的社会建构的真实性。

从旅游者的偏好视角等出发，有学者研究、划分了存在型（通过手工艺展示来感知）、审美型（通过艺术历史感知）、社会型（通过学习和体验感知）三种不同的旅游者感知真实性的方式，并指出其对展演和在博物馆商店购买商品时展现出不同的兴趣（Goulding，2000）。Ming（1999）把采购的纪念品感知的真实性分为高级、中级和低级三个水平，指出纪念品的真实性由旅游模式和纪念品类型决定，严肃的旅游者、享乐型的旅游者等在认识和确定纪念品真实性的等级上是有差异的，但都各自通过自己的真实性感知来驱动购物的选择和行为。林涛等（2013）通过工业遗产发现，消费者的偏好、商品的工艺都会影响旅游者的真实性感知，提出能够增加游客真实性体验的措施。

真实性感知主要取决于旅游者，但这并不代表旅游客体的真实性不重要，而是要在通过对旅游客体客观真实性的基础上，提升建构真实性感知和存在真实性感知，将主体的真实性感知与客体的真实性统一起来。在同一旅游过程中，客观真实性、建构真实性和存在真实性并不是相互割裂的，而是共同存在的。Horne提出，真实性并不来自纪念品本身的真实程度，而是来自游客与纪念品之间的独特情愫。通过调查、统计发现，工艺的独特性、技术、美学和使用价值、文化和历史的完整性、真实性成为旅游者对旅游工艺品真实性判断的重要依据（Mary，2012）。在商品上注明设计的真实性会增强游客的购买意愿（Asplet & Copper，2009）。在研究旅游景区上发现，九寨沟经济因素、文化认同是影响当地居民对歌舞表演真实性认知的关键因素，并呈现出显著的年龄差异（卢天玲，2007）。Nguyen & Cheung（2016）认为遗产地景点的外观和设置是衡量真实性的重要指标，除此之外衡量指标还有当地的习俗文化、氛围等。旅游者的历史怀旧心理受到其真实性感知的历史特征的显著正向影响，在景区建设与开展中应注重对历史的挖掘与呈现，在客观真实性基础上构建符合旅游者需求的旅游吸引物，从而提升旅游者的真实性感知（关巧玉、罗芬，2017）。在重庆古镇旅游居民真实性感知的研究发现，相比较而言，居民或者商铺经营者待人的友好程度得分最高，纪念品手工制作所占比重得分最低，主要原因在于在古镇旅游中商业化、雷同化导致旅游商品丧失了真实性，要通过旅游商品"符号"强化古镇真实性要素，首先要提升旅游地居民的真实性感知（张文萍，2014）。之后，运用深度访谈法，有研究者引入符号学和真实性理论，以客观真实性符号、建构真实性符号和存在真实性符号构建了乡村旅游真实性符号感知评价指标（吴娇，2015）。旅游真实性是旅游者出游的动机，是客观对象的文化真实再现，也是游客在体验过程中的真实性感知。民族旅游的真实性是游客逃离日常生活而体验不一样的文化的真实性感受，其不仅仅是语境的变化，更重要的是旅游真实性体验并不会频繁出现。闫红霞（2013）认为，在旅游者寻找真实性的过程中，媒介起着重要的连接作用，旅游者在时间和空间有限的条件下，会通过媒介获得遗产地的初步印象，不同的媒介对游客认识目的地的真实性感知也会存在不同。张朝枝（2008）认为，媒介对于旅游客体的宣传和介绍，在一定程度上影响旅游者对旅游客体的真实性认知，媒介对客体的构建方式与传播途径，以及媒介对主体即游客对客体的认识产生一定影响。当然，还有学者从技术角度，专门研究提出了关于遗产旅游真实性感知测量方法（王婧、吴承照，2014）。

本研究对前人已有的关于真实性感知的部分研究进行了相关整理（见表2-6）：

表2-6 真实性感知变量分析表

学者	年份	变量	研究结论
Cohen	1988	影响真实性感知的因素	持宽松标准的旅游者与持严格标准的旅游者对于舞台的真实性持的态度可能相反
Alisonhe & Richard	1999		无论真实还是创造的环境均会被不同的旅游者所认可，形成自我的真实性感知
Waller & Lea	1999		学生群体在追求真实性上相对要高于普通市民
Waitt	2000		旅游者的个体特征对其真实性感知具有显著影响
卢天玲	2007		经济因素、文化认同是影响当地居民对表演真实性认知的关键因素，并呈现出显著年龄差异
Beihassen	2008		旅游者自身行为、态度信仰对朝圣者的真实性体验具有显著影响
Mary	2012		工艺的独特性、技术、美学和使用价值、文化和历史的完整性、真实性等成为旅游者对旅游工艺品真实性判断的重要依据
关巧玉、罗芬	2017		在客观真实性基础上建构符合旅游者需求的旅游吸引物，从而提升旅游者的真实性感知
王家俊	1997	作为前因变量的真实性感知的影响	感知差异对游客满意度高低有直接影响作用，旅游者感知的差异越小、统一性越高，选择性可能性就越高
Ming	1999		严肃的旅游者、享乐型的旅游者等各自通过自己的真实性感知来驱动购物选择和行为
Goulding	2000		存在型、审美型、社会型三种不同的旅游者感知真实性方式，其对展演和购买商品时展现出不同的兴趣
Asplet & Copper	2009		商品上注明设计真实性会增强游客的购买意愿
吴娇	2015		运用客观真实性符号、建构真实性符号和存在真实性符号构建了乡村旅游真实性符号的感知评价指标
孙乃娟	2016		体验价值感知能够唤醒顾客主动履行公民行为
王江哲等	2017		消费者感知的商品质量正向影响购买意愿

资料来源：本研究整理

2. 零售业中真实性感知的影响因素

在旅游业之外，"真实化"的营销策略更为普遍。吉尔摩与派恩二世在《真实经济：消费者真正渴望的是什么》中指出，在体验经济时代，真实性取代质量成为新的消费者敏感性，并提出了自然真实性、原创真实性、独特真实性、参照真实性和影响真实性5种真实性的类型（见表2-7）。

表2-7 市场营销中真实性应用

真实性类型	特指	强调	原则
自然真实性	初级产品	材料的纯天然和绿色	强调原材料：保持天然、散发着乡村气息，倡导绿色
原创真实性	有形商品	设计的原创性和个性	强调公司创立的历史：让过去复活，看起来古老、混搭、反处理
独特真实性	服务	服务的真诚、人文关怀和独特性	直接与真诚：关注度特性、慢节奏、临时性和异域性
参照真实性	体验	历史传承和文化构架	称颂个人：追忆一般时光，挑选一个场所，凸显重要性，做到真实
影响真实性	转变	个人理解或集体愿景	诉求个人愿望；诉求集体愿望，实用艺术，推销原因，赋予意义

资料来源：引用吉尔摩与派恩二世

当今，消费者渴望得到真实的产品、服务、体验等，真实性对企业的竞争力尤为重要，企业的生存与长期稳定发展离不开对真实性的关注与延伸。在消费领域，真实性应用原则就是如何让企业的产品、服务、体验变得更真实，其所用的方法一定程度上与旅游业相一致。在消费领域内划分的关于真实性的维度，可以与旅游业中的真实性感知基本对应，不同的是消费领域的真实性更重客观真实性（即自然真实性、原创真实性），而旅游活动中的真实性则更重综合各类因素形成的存在的真实性；而且从参与度上而言，旅游者在旅游活动的参与度要高于消费者在消费领域的参与度（赵红梅、董培海，2012）。

（四）基于S-O-R理论下的唤醒与真实性感知

在研究消费者行为过程中，S-O-R理论模型被引入到探讨线上购物环境下，外来刺激、消费者感知和行为意图间的影响与关系（张玉鲁，2011）。在此基础上，有学者将其引入推荐者社交网站效果研究，构筑了以资讯丰富、客制化、经济性、视觉性为主的外来刺激，以愉悦、唤醒为消费者感知，来研究推荐者社交网站对消费者购买的影响模型。在此研究中，唤醒被定义为消费者的潜意识情感状态，进而影响消费者的购买意向或规避行为（范静等，2014）。个体在受到外部刺激后会产生内在和外在的反应，内在反应是个体的态度，外在反应是接近或回避行为（Eroglu，2003）。在激发状态下的唤醒会促进消费者产生购买意向或行为（Hoffman，1996）。

顾客与服务企业互动中的体验价值感知能够唤醒顾客主动履行公民行为（孙乃娟等，2016）。购物环境研究中，环境内社交因素越多，消费者的唤醒度就越高（Baker & Julie，1992）。基于这些研究可以得出这样一个判断，唤醒是个体受到外部刺激后形成的一种具有主观性的、针对性的情绪或态度，这种情绪或态度如果处于激发或积极状态下就比较容易对客体产生肯定性的综合性评价，并以此促使个体产生对客体的积极购买意向或行为。

在研究顾企关系中发现，顾客感知到的权利会影响对顾企关系的认知与评价，进而对各自的意愿或行为产生影响（Rodi & Kleine，2000），其认知与评价应是顾客对双方关系的内涵、服务、质量等的真实性评价，也是顾客自我的某种态度或情感状态。感知产品质量会正向影响消费者购买意愿（Dodds，1991）。在对政策宽松度与购买意愿影响的研究中发现，政策宽松度与消费者感知的商品质量具有正向作用，消费者感知的商品质量正向影响购买意愿（张蓓佳，2017）。在此过程中，消费者感知的商品质量是个体的态度，是对商品质量真实性的肯定认可后，并进而催生了购物行为。可以说，在顾客与企业互动过程中，作为消费者的顾客在体验、感受到企业提供的产品、服务、宣传等系列措施后，会在内心形成一种对企业及其产品、服务等的综合性评价，这种评价、偏好等被定义为真实性感知。顾客感知到的真实性越强烈，产生的购买欲望和动力就越强，购买选择和行为就越多。

基于上述的分析，可以看出真实性感知是旅游者在旅游活动过程中受到外部环境刺激等形成的对旅游客体的真或假的感受与评价；在此过程中旅游者都渴望获得体验的真实，真实性感知具有针对特定人、特定事物的主观性；旅游者的感知影响其意愿和行为，感知真实性与行为意愿在某些领域具有正向作用。而唤醒是消费者在刺激作用下的潜意识情感状态，是对形成唤醒的外界刺激物的一种心理状态，具有特定性、主观性，同一刺激物对不同消费者的唤醒作用不一样；唤醒影响消费者的购买意向或规避行为，激发状态下唤醒会促进消费者产生购买意向或行为。因此，从某种角度而言，旅游者的真实性感知、唤醒，均是旅游者在体验价值刺激下形成的旅游者主观的、针对性的、潜意识的真或假水平的感知或心态，形成了对作为旅游客体的旅游目的地及旅游商品的综合性认知与评价，并进而会影响到旅游者的购物意向或行为。据此，本文将对民族旅游景区的真实性感知确定为旅游者受到外部刺激后所形成的唤醒。

（五）小结

综上来看，以客观真实性、建构真实性、后现代真实性和存在真实性为典范的真实性的研究和维度划分，已经比较清楚地揭示了真实性的概念和内涵。随着体验经济时代的到来，以顾客或旅游者为研究视角的真实性，不仅为存在主义真实性的研究提供空间，更为重要的是将真实性导入到真实性感知的层面，进一步凸显了作为主体的旅游者在旅游消费决策中的作用。基于这样的认识和分析，旅游真实性感知的研究重点集中于旅游目的地形象感知、旅游目的地服务质量、旅游满意度、旅游者行为决策等方面，并提出了旅游动机、旅游者类型、旅游者特征（年龄、学历、收入）等影响真实性感知的因素。这些研究被引入实证研究，尤其是在遗产旅游、民族旅游、乡村旅游、古镇旅游形式不少研究成果。这些研究为研究民族旅游景区及景区购物真实性感知提供了良好的借鉴。但同时笔者发现，对于将真实性感知纳入到特定景区内的旅游购物的研究比较少见，尤其是将真实性感知与S-O-R理论中受外部刺激形成的唤醒情绪对接起来研究对购物行为影响的研究成果还比较缺乏。因此，这也将成为本研究的方向与内容之一。

四、旅游购物行为意向研究综述

（一）旅游购物

购物是旅游者最受欢迎的旅游活动之一，旅游者在购物上要花费很多的时间和金钱（俞金国、王丽华，2007）。国外对旅游购物的研究始于1958年，目前已经形成了成熟的研究体系，而国内关于旅游购物等研究主要集中在商品类型等方面。为在明确概念的基础上深入研究旅游购物，国内学者提出了旅游购物是旅游者为了旅游或在旅游活动中购买实物商品的行为，但不包括为了转卖而进行的购物行为（石美玉，2004）。这里的旅游购物分为两部分：一部分是旅游者为旅游活动而购买的行为，一部分是旅游者在旅游活动中购买旅游商品的专门行为。这一概念对旅游购物做了全面定义，但从当前研究来看，更多研究将旅游购物定义在旅游者在旅游活动中的专项购物活动，不包括为旅游准备的购物行为和旅游过程中日常生活消费行为。作为旅游六要素之一，发展旅游购物对于旅游目的地而言，不仅是深入挖掘本地旅游潜力，增加国内旅游收入和外汇收入的重要途径，也是吸引旅游者的重要资源和因素。旅游商品性收入是西安市旅游总收入的重要来源（梁学成，2004），香港因旅游商品丰富被誉为购物天堂而每年吸引众多国内外游客前去购物。在旅游购物研究上，苗学玲（2002）、马进甫（2006）、陈钢华（2007）、俞金国（2007）等人对宏观对旅游购物系统、国内外旅游购物研究进展等进行了综述性研究，曾兰君（2005）、崔玲萍（2006）、杨露（2013）、蒋夏莲（2016）等对旅游购物市场开发、存在问题、竞争力、安全等问题进行了研究，宫斐（2006）、耿旭（2009）对女性旅游购物、老年旅游购物进行了研究，还有诸多针对特定区域旅游购物的现象开展研究。苗学玲（2002）认为，旅游购物系统包括客源市场系统（旅游者）、旅游购物供给系统（旅游生产和销售企业组）和旅游支援系统（支援旅游的所有）。目前，关于旅游购物研究重点放在市场存在的问题和管理机制上。杨勇、范方志（2006）认为，市场信息不对称是旅游商品质量低劣问题的原因之一，提出要建立市场的信息传递机制。钱益春、文静（2006）解释了旅游者的旅游购物投诉行为方式和后续影响。这些研究为深入了解和发展旅游购物提供了丰富的理论成果和实证研究，为旅游目的地针对性地开发旅游市场和旅游产品提供了有益帮助。但无论多少角度、多少学科研究旅游购物，都无法改变的是：作为旅游客体的旅游商品，其吸引力对旅游购物具有相当影响，但旅游购物的关键和决策在于作为旅游主体的旅游者。因此，以旅游者为研究物件、研究影响其购物行为意向的机制，对发展旅游购物尤为重要。

（二）旅游购物意向或行为

行为意向是指一个人的主观判断其未来可能采取行动的倾向，其概念来源于态度理论。态度理论将"态度"分为认知、情感和意动三个组成要素，其中"认知"是指对某种产品或服务所持有的信息、知识或者知觉（梁宁，2007），"情感"是指对某一产品或服务所持有的感觉或者情绪（黄涅熹，2011），"意动"则指对某种产品或者服务所采取的特定行动（叶栋梁，2005）。Woodside & Lysonsiki（1989）将行为意向应用于旅游研究，指出旅游者的行为意向是基于旅游者体验下旅游者对于某一特定时间内游览某个特定旅游地的可能性，将情境变量融合进研究中以此来预测理由和对于旅游地的实际行为。从整体来看，国内外旅游购物的研究都经历了将研究重点从旅游商品转移到旅游购物者的过程（陈钢华、黄远水，2007），经历了物质基础到体验感知的研究。到底旅游商品、旅游者的哪些因素影响旅游者转化为旅游购物者，哪些因素促使旅游者产生旅游意向或行为？对此，国内外学者进行了大量的研究，归纳起来可以分为以下三大类：

1. 影响旅游者购物意向或行为的自我因素

学者们研究发现，旅游者的人口统计特征对旅游购物意向或行为有关，不同的旅游者对于旅游购物具有不同态度，从而产生不同的购物意向或行为。梁学成、郝索（2005）以西安市旅游者为调查物件，对旅游购物市场研究后发现，旅游购物的差异主要体现在旅游者对不同类旅游商品的选择和购物花费上，年龄是影响旅游者购买行为的最主要因素，不同职业、学历水平和客源地对购物行为也有一定程度影响，性别和收入的影响相对较小。对于女性而言，一般比男性容易产生购物行为，45—65岁的女性旅游者是旅游购物的主要群体（李媛媛，2003）。Oh 等（2004）研究指出，年龄、性别、旅游类型或活动等与旅游购物行为相关，女性在研究给定的所有购物选项中都比男性购买意向强，特别是在服装和珠宝类产品中。相对于青年旅游者，老年旅游者具有较多的旅游经验，在购物过程中比较理性，盲目购物行为比较少，购物意向或行为决策不积极，购物中对物美价廉的特殊商品或特色纪念品比较钟爱（汪灿，2014）。不同客源地的旅游者在同一旅游目的地的购物行为也存在差异，离目的地较近的旅客倾向于有形产品，较远的旅客倾向于无形产品（Yong Kun Suh，2005）。与美国旅游者相比，日本游客在夏威夷偏向于在免税商场消费，另外对高档时装店、折扣零售店也表现出浓厚兴趣；而美国游客更多的从事文化活动等（Mark S Rosenbaum，2006）。另外，旅游目的、在旅游地的时间也对旅游者购物行为产生影响，购物游游客对旅游购物表现出强烈的意向，而观光游、商务游、亲子游等相对较小。

除人口特征外，旅游者的旅游动机、旅游体验值、旅游感知、对旅游地及对某些特定事物的态度等心理因素对旅游购物意向或行为也有重要影响。石美玉（2005）通过研究总结认为，旅游者动机分为为自己和为他人购买两大类，基于旅游商品的稀缺性、效用性、实用性、收藏性、牟利的期待程度不同，个人对旅游商品的认知和购物意向也不同；在为他人购物时，旅游者基于互助或联谊的期待，购物意向或行为显得更为谨慎。Moscardo（2004）认为促使旅游者产生购物行为的是表达动机和工具动机。Soyoung Kim（2001）对墨西哥的女性旅游者进行调研发现，在为自己购买时，旅游者受旅行经验或态度因素的影响作用会减小。体验式旅游购物不仅是一次购物行为，同时也在参与体验中满足旅游者的娱乐、科普、审美的精神需求。旅游者在购买旅游商品的同时，体验了当地的文化，并满足自己的享乐需求（管婧婧，2005）。在对农家乐旅游者体验价值的研究中发现，体验价值与行为倾向具有显著的正相关关系，经济价值、功能价值、精神价值、社会价值和地域价值对旅游者的行为倾向从高到低产生影响（阳信分，2015）。在通过地方依恋与旅行花费模型对加拿大阿尔比地区的研究发现，旅行者形成的对旅游目的地的地方依恋对其消费行为具有显著的正向影响（Hailu，2005）。在对安徽三河古镇的实证研究中发现，建筑要素感知和饮食要素感知对旅游者的行为意向有正向影响，传承文化要素感知、地方文化要素感知以及游览接待要素感知对行为意向的影响则不显著（胡旺盛等，2014）。通过对老字号真实性感知与购物意向的研究发现，老字号的原本真实、建构真实和自我真实均直接、正向影响行为意向（徐伟、汤筱晓、王新新，2015）。旅游者对旅游目的地的偏好性越强，在该地感受到舒适感、自由度等就越高，就更能促使旅游者对该地及产品做出肯定性评价，促使其形成积极的行为意向。旅游者的购物行为有时间偏好，购物通常是在到达或离开目的地的第一件或最后一件事（Gee，2002）。基于西安市入境旅游为调查物件研究指出，旅游者购物偏好在社会人口结构特征上没有明显规律，入境旅游者对手工艺品、中药保健品和食品类旅游商品呈高偏好度（白凯等，2007）。Snepenger等（2004）探讨了不同活动类型的旅游者在使用购物空间方面的特征和偏好。另外，研究发现旅游者的情绪对购物意向或行为产生影响，旅游者在愉悦心情状态下，会较快地完成购买行为（石青辉，2017）。Card & Cole（2007）测算了香港旅游购物市场的满意度，指出不同国籍旅游者的购物满意度不同。通过研究发现，情境因素对大多数旅游者的购物过程都起到了显著作用，黄山屯溪老街的旅游者购物满意度不高，导致部分旅游者不选择在此购物（程菻等，2008）。Murphy（2011）以旅游购物村为例，指出旅游购物满意度的关键因素在于购物过程中的主题化体验，体验购物村中的娱乐休闲设施，是人们去该购物村消费的主要动机。

2. 影响旅游者购物意向或行为的客观因素

除旅游者自身的人口特征或心理特征影响其意愿或行为外，旅游者的购物意向还受到环境因素、购物营销行为等影响。法国针对欧亚经济体国家的旅游者提供了旅游购物免税政策，免税手续办理简单，这些政策促进了这些国家的旅游者到法国购物（石美玲，2005）。研究发现，网络退货政策宽松度对消费者购买意愿具有正向影响，政策宽松度对男性的购买意愿影响大于女性（张蓓佳，2017）。Liviodi就与美国接壤的加拿大七个省的居民到美国跨境购物进行研究，结果显示跨境旅游消费的主要影响因素是人均收入、加元汇率、加拿大与美国的汽油价格比率以及商品和服务税。研究还发现，不同地区的决定因素影响也会有区别。另外，国际经济形势个人可支配收入等，对旅游者的购物意向也产生相关影响。

在客观政策外，旅游商品、旅游商品的销售场所及周边环境、商品宣传等，也因影响旅游者的体验和感知，进而影响旅游者的行为意向。旅游商品作为旅游购物的重要对象，其特色、质量至关重要。旅游商品根据实际用途可以分为旅游工艺品、旅游纪念品、文物古玩及仿制品、土特产品等（蒋冰华，2005）。对于旅游商品而言，在确保商品质量的基础上要尽可能地突出特色，质量不高、特色不强的旅游商品无法让旅游者感知其有超出预期的价值，难以形成对商品的积极情绪，无法唤醒旅游者的购物意向。商品在有质量、特色的基础上，其价格也要符合商品的价值、契合消费者的支付能力，要让旅游者能够消费和感到物有所值。Wendy（2007）研究了12—17岁青年的旅游购物特征，结果显示气氛是否友好、是否包含"酷"的商品、品种丰富度、设计是否诱人等因素是他们选择购物场所的主要因素。Getz（1993）从旅游购物街区的发展与规划角度对旅游购物场所进行了研究，是较早研究该领域的学者。Pearce（1998）研究巴黎的旅游购物场所的空间布局时，结合旅游街区的整体结构与功能来考虑其合理性。Cohen（2006）以泰国为实例，总结了旅游购物街区空间布局：一是沿主干道分布，且邻主要生产区的传统型本地布局模式；二是分布于生产区和旅游集散中心之间的复杂枝状布局模式。有学者对针对特定区域如三亚城市的旅游购物场所进行了研究（高东方，2012），也有就旅游购物场所的标准化建设进行专项研究（张晓英，2017）。要使旅游者在旅游目的地能够自然购物，除了旅游商品有吸引力，还必须要求购物场所有特色，特色表现在场所的通达性、进入的便利性、场所建筑、装饰特色、内部布局和旅游商品本身必须相配套，即旅游购物场所需要按照旅游吸引物去打造（陈斌，2016）。

3. 影响旅游者购物意向或行为的其他因素

旅游者购物意向或行为产生，还受到导游、周边团员或亲朋好友的影响。在积极情绪下，旅游者出于对参照群体的信任，会受到参照群体言行的影响，并因此影响其购物意向。研究发现，参照群体对旅游购物决策的影响显著，好友对旅游购物决策的影响最高，其次是团友，导游和陌生人影响并没有显著差异（王晓明等，2012）。另外，规范的旅游市场秩序与安全、高质量的旅游服务与标准等也积极影响旅游购物意向。罗峰（2008）基于中国香港和义乌成功发展购物旅游的案例，提出从发展大型专业市场和人才培养、完善基础设施、设置旅游接待中心、新的营销模式、整合资源、政府扶持六方面来打造海宁皮革城。骆高远（2010）从品牌、旅游商品包装设计、旅游市场秩序、购物环境方面提出了我国购物旅游的开发策略。

本研究对前人已有的关于购物行为的部分研究进行了相关整理（见表2-8）：

表2-8　购物行为变量分析表

学者	年份	变量	研究结论
李媛媛	2003	人口统计特征对购物行为的影响	女性一般比男性容易产生购物行为，45—65岁的女性旅游者是旅游购物的主要群体
Oh	2004		年龄、性别、旅游类型或活动等与旅游购物行为相关，女性在购物选项中都比男性购买意向强
梁学成、郝索	2005		年龄是影响购买行为最主要因素，职业、学历水平和客源地也有影响，性别和收入影响相对较小
Yong Kun Suh；Mark S Rosenbaum	2005 2006		不同客源地的旅游者在同一旅游目的地的购物行为存在差异
白凯等	2007		旅游者购物偏好在人口结构特征上没有明显规律，入境旅游者对手工艺品、中药保健品和食品类旅游商品呈高偏好度
汪灿	2014		相对于青年旅游者，老年旅游者购物意向或行为决策不积极，对物美价廉的特色纪念品比较钟爱

续表

学者	年份	变量	研究结论
Snepenger	2004		不同活动类型的旅游者在使用购物空间方面具有不同的特征和偏好
Moscardo；石美玉	2004 2005	个体主观因素对购物行为的影响	促使旅游者产生购物行为的是表达动机和工具动机；旅游者动机分为为自己和为他人购买两大类，动机不同购物意向或行为不同
Hailu	2005		旅行者对旅游目的地的地方依恋对其消费行为具有显著的正向影响
程林等	2008		情境因素对大多数旅游者的购物过程起显著作用，旅游者购物满意度不高，导致部分旅游者选择不在此购物
Murphy	2011		旅游购物满意度的关键因素在于购物过程中的主题化体验，体验购物村中的娱乐休闲设施是人们去消费的主要动机
胡旺盛等	2014		建筑要素感知和饮食要素感知对旅游者的行为意向有正向影响，传承文化要素感知、地方文化要素感知以及游览接待要素感知对行为意向的影响则不显著
阳信芬	2015		体验价值与行为倾向具有显著正相关关系
徐伟、汤筱晓、王新新	2015		老字号的原本真实、建构真实和自我真实均直接、正向影响行为意向
石青辉	2017		旅游者在积极和愉悦心情状态下，会较快地完成购买行为
Getz；Pearce；Cohen	1993 1998 2006	其他因素对购物行为的影响	从旅游购物街区的发展与规划角度对旅游购物场所及整体结构与功能合理性进行研究，总结了旅游购物街区空间布局以及对购物行为的影响
石美玲	2005		旅游购物免税政策促进了旅游者到特定国家或区域购物
Wendy	2007		气氛、"酷"的商品、品种丰富度、设计等因素是影响12—17岁青年选择购物场所的主要因素
罗峰；骆高远	2008 2010		规范的旅游市场秩序与安全、高质量的旅游服务与标准等积极影响旅游购物意向
王晓明等	2012		参照群体对旅游购物决策的影响显著
张蓓佳	2017		网络退货政策宽松度对消费者购买意愿具有正向影响

资料来源：本研究整理

（三）小结

综合关于旅游购物的研究可以看出，旅游购物作为旅游六要素之一，其自身蕴含的发展空间与潜力、对旅游业乃至区域经济的推进作用等，使得旅游购物受到了学术界、政府和行业的高度关注。从现有研究看，旅游购物研究主要集中在旅游购物的基础理论、旅游购物体系构建、旅游购物影响因素等方面，形成了相关的研究成果。国外关于旅游购物研究比较早，研究成果较显著；国内关于旅游购物的研究也在逐步加强。从研究方法上看，国内学者的研究大多集中在旅游购物的概念界定、特征、旅游市场规范等定性研究上，在旅游购物行为的研究上以案例分析为主，虽然也涉及统计和定量分析，但是定量研究还不足。国外对于旅游购物的研究更多地采用定量分析的方法，通过实地调研、资料分析对旅游者购物意向或行为进行研究。在本研究中，将借鉴国外的这一研究方法和视角。从研究内容上，国内学者引入心理学、消费者行为学的理论构建了各类旅游购物的新体系；从宏观层面分析和总结旅游购物行为影响因素，重点在于旅游者心理感知对行为意向的影响，包括购物市场环境因素刺激对旅游购物行为的影响、旅游者购物的心理动机和满意度评价等，使得感知与认可程度等心理因素成为研究旅游购物问题的良好切入点（范云路，2014）。国外在旅游者购物行为、购物满意度、购物偏好等方面都有不少成果，研究的视角也更为细致、全面。

从国内外对于购物行为的研究不难发现，学者们倾向于把购物作为旅游活动的要素之一进行分析，倾向于在旅游目的地的范围内开展实证分析，注重购物旅游者的心理特征和行为抉择，以及一般购物行为的影响因素研究，但对特定景区内的旅游者购物行为意向及其影响因素研究却很少有成果。在旅游景区开发中，人们都把精力集中在旅游休闲项目和旅游门票定价上，对于收入弹性较大的景区购物重视不足，导致景区购物产品市场严重滞后。另外，从体验角度来看，景区内的购物消费行为是以景区游览体验为基础的，这比传统的购物模式更具体验感和吸引力，同时也可以缓解由于传统购物带来的游客不满情绪，提高景区收入。所以，研究景区内的旅游购物行为无论是从景区经营管理角度，还是学术研究角度都有一定的价值。而且通过文献梳理还发现，在现有研究中，利用 S-O-R 理论来研究景区购物意向或行为的成果还特别欠缺。鉴于此，本文以海南槟榔谷黎苗文化旅游区作为民族旅游景区代表和研究案例，更新了传统旅游购物的决策模型中的影响因素，引入了旅游游览体验价值、地方依恋、真实性感知三个变量，对游客在民族旅游景区内的购物行为意向进行深入分析，以期为民族旅游景区及景区购物市场的开发等提供可行性建议。

第二节 理论基础

一、消费者行为决策理论

什么是行为？人的行为意向或决策是如何而来的？对此，不同学科、不同专家基于不同的背景，往往给出不同的解答。

（一）消费者行为决策的一般理论

Engel等人于1984年对之前提出的EBK模型理论框架进行修正，从营销学角度构建了研究消费者行为的模型（图2-1）。EBK模型将个人行为决策过程划分为问题认知、信息搜寻、评价备选方案、购买决策和购买后评价五个阶段，系统展现了一般消费行为的决策过程，但从实际看并非所有的决策都要经历这五个阶段。同时该理论认为，影响决策的有外界刺激和个体特征两个变量，外界通过刺激个体并与个体特征结合后，对个体决策发生影响。

图2-1 营销学EBK模型

Woodside等人于1989年提出了基于旅游者感知的综合性旅游消费模型，将旅游消费决策分为购前影响因素—信息搜集—决策选择与实施—购后评价四个阶段，之后于1994年对该模型进行修正，构建了旅游消费选择决策一般模型（图2-2）。

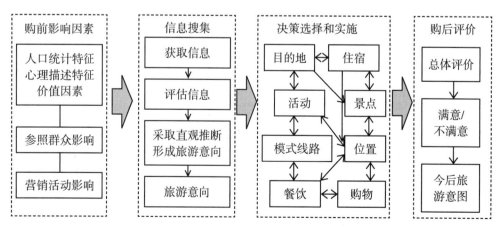

图2-2 旅游消费选择决策一般模型

　　国内学者对购物理论和行为研究也高度关注。石美玉（2003）研究指出，旅游者行为是由旅游者的心理过程和心理特征所决定的，但由于人们的心理过程是一个"黑箱"，要了解旅游者行为就必须构建科学的模型来分析和推断旅游者行为及影响因素。为此，她结合"刺激—反应"模式，形成了旅游者购物行为的"刺激—反应"模式（见图2-3）。

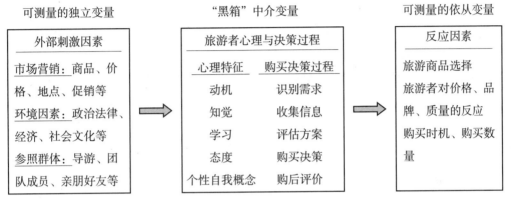

图2-3　旅游者购物行为"刺激—反应"模式

　　针对旅游者购物决策行为的模型较多以定性为主，范云璐（2014）整合了多个模型，针对三亚地区，构建了三亚旅游者购物决策行为的影响因素测量模型（图2-4），对其中的影响因素做了实证测量，其所构建的研究旅游者购物决策模型从整体上来说，是基于营销学EBK模型而来的。

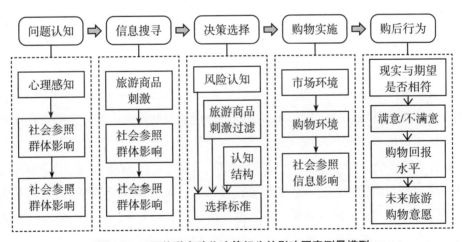

图2-4　三亚旅游者购物决策行为的影响因素测量模型

　　综合前人对于旅游购物者决策模型的分析可以看出，旅游者的购物决策行为受到个体特征和外界环境刺激的影响，其中个体特征包括年龄、性别、收入、学历、职业等，而外界环境刺激的变量选取上根据研究需要而存在差异。从目前的研究成果看，现有研究成果主要体现在个体受到外部刺激后形成的购物行为意向及购后评价上，但未能更多地揭示出个体受到刺激后的心理特征、心理过程、心理决策与个体购物行为意向间的"黑箱"。

（二）刺激—机体—反应（S-O-R）行为决策理论模型

心理专家认为，行为是人体器官对外界刺激所做出的反应，其经历了脑神经复射到意识，意识表现为动作时的系列过程。对于"刺激—反应"理论存在的未能揭示心理过程"黑箱"的缺陷，Mehrabian & Russell（1974）提出了"刺激—机体—反应（S-O-R）"模型（图2-5）来研究这一问题。

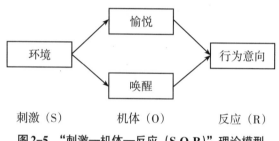

图2-5 "刺激—机体—反应（S-O-R）"理论模型

在该模型应用中，环境属性通常作为外部刺激（S）被确定为引起个人行为意向的前因变量，个人因刺激而做出的规避或趋近行为成为反应（R）的结果，因受到环境刺激而产生的个体情绪（O）被作为刺激与结果间的中间变量。对于个体而言，因人口特征、偏好等存在差异，对于刺激的感知、认知以及产生情绪也不一样，进而导致行为意向也不尽相同。

该模型自被提出后，作为心理学理论被许多学者引入到网络销售领域，用以研究网络营销策略对个人行为的影响。国外学者中，Eroglu等（2001）最早将S-O-R模型用于网络销售环境，用以检验虚拟店铺中环境刺激的潜在影响。之后，在此基础上，他运用该模型研究还发现，网站环境对个体的态度、满意度和各种趋近或规避行为具有显著影响，会使消费者形成积极反应。Park等（2009）运用S-O-R模型研究发现，品牌名和消费者的感知店铺形象显著相关，促销与消费者的感知价值显著相关，感知价值、店铺形象和购买意向间也存在显著相关关系。Ha等（2010）以此模型研究了服装网站的低任务相关性刺激对消费者情绪（愉悦和唤醒）、购买意愿的影响。国内学者运用"刺激—机体—反应（S-O-R）"理论模型进行行为决策研究的还不多。在中国知网输入"刺激—机体—反应"或"S-O-R"进行搜索，在主题中直接凸显以此模型进行研究的成果仅有30余篇。从这些研究来看，主要集中在研究顾客行为、消费者的网购或网络使用者行为等。霍俊杰（2008）运用S-O-R模型，从顾客角度讨论了零售环境对顾客认知评价、情绪反应以及购物行为的影响。贺爱忠等（2010）运用S-O-R模型，构建了网上商店购物体验对顾客行为倾向影响的假设模型，并通过研究指出感官体验、情感体验和关联体验对顾客情感有直接正向的显著影响，情感和信任对顾客行为倾向有正向显著影响。王永贵等（2012）利用S-O-R模型，将自我决定感作为中间变量，研究其在顾客互动与社区满意间的关系。魏国宏（2013）通过S-O-R模型对虚拟社群环境下的个体冲动性购买意愿影响因素进行研究指出，社区活动、趣缘群体参照、互动和信任作为外部刺激因素，其对个体的愉悦维度、唤醒维度均有积极影响，其中唤起对冲动性购买意愿影响显著，愉悦情绪通过对唤起情绪的显著影响作用于冲动性购买意愿。管荣伟（2013）运用此模型，构建了口碑、促销、售后作为刺激因素，消费者认同作为反映结果，感知价值作为中间变量的假设模型，指出通过提升消费者的感知价值达到消费者认同，而且进一步建立稳定的客户关系尤为重要。杨艳（2014）基于该模型，对女性旅游者购买决策开展研究，指出旅游企业应该开发基于女性生理、心理的产品、服务，和提供适合于女性购物的外部环境。赵宇娜（2010）以网站知识性、经济性、互动性和视觉性共同作为网站特征，研究其对冲动性购买行为的影响；研究发现，网站特征对情绪的愉悦维度均有影响，网站经济性和网站互动性对情绪的唤醒维度会有影响；消费者的情绪对购买冲动有显著作用。张玉鲁（2012）基于S-O-R模型，将产品信息作为刺激，将情绪和认知作为机体感受，以此研究服装网络购买行为指出，情绪与感知价值、感知信息对购买意愿具有显著性相关关系；感知价值、感知信息和感知风险均显著性影响购买意愿。吴丽娟（2012）基于S-O-R模型，从理论研究出发，构建了服装网络购买意愿理论框架。范静（2014）等以资讯丰富、客制化、经济性、视觉性作为推荐者社交网站的特征与对消费者的刺激，以愉悦唤醒作为机体的情绪，研究其对购物意向的影响。张敏等（2017）利用S-O-R模型对影响虚拟社群使用者知识共享行为的因素进行了分析和研究，徐孝娟（2017）对社交网站用户流失行为进行了探讨。除了研究顾客行为、消费者网络行为或网络消费行为外，S-O-R模型还被引入用来研究零售卖场环境管理（郭菁华等，2016）、单身女性休闲消费行为（陈素平等，2016）、基于互动关系的养老商业保险（许燕，2016）。

（三）本研究的行为决策设想

基于对消费者行为决策模型的梳理，以及对S-O-R模型近年来国内外的研究分析来看，"刺激—机体—反应（S-O-R）"理论模型在继承个体从受到刺激到形成行为反应的一般行为决策理论的同时，完善地揭示了其受到刺激后心理感知和情绪反应，并将其作为重要的因素和变量来研究其对个体产生趋向或规避行为的影响机制。目前，这一理论已经在传统的顾客行为、消费者行为、网络消费行为或网络使用者行为等方面得到了验证，但从现有研究看，研究的范围还不够深入。从刺激物来看，现有的刺激物主要定义在环境因素，体验价值等感知因素还未被引入；从情绪上，愉悦、唤醒两个心理感知与评价，还鲜见与依恋、真实性等联系起来研究；从行为意向和范围上，研究常规性、笼统性的顾客行为、网络行为的比较多，研究旅游购物行为或旅游景区购物行为的还非常少见。

旅游者在购买商品时的决策过程都是类似的，旅游者的个人特征在购物决策过程中所起到的作用也应该是一致的。但景区内的旅游购物行为和传统的旅游购物活动有明显不同：首先，景区作为相对封闭性环境，旅游者在民族旅游景区内接触到的是"舞台化"的生活场景，因此本研究界定旅游目的地的政治、经济等因素不对购物行为产生影响。其次，旅游者进入旅游景区内的主要目的是获得愉悦的体验或其他，并非将购物作为主要目的。再次，景区内的购物行为是以景区游览体验为基础的，意味着景区内的消费模式比传统的消费模式具有更强的体验感和吸引力（胡孝平，2014）。同时，源于旅游者参加旅游活动形成的体验价值，其本身是对旅游活动的综合性感知与评价，对旅游者的购物意向或行为具有相关影响。基于人地情感联结的地方依恋，其包含的地方认同、地方依恋也被学者们证明均影响着旅游者的相关行为。真实性就是如何让产品、服务、体验变得更真实，旅游者感知的真实性及其强度与其可能的购物意向密切相关。基于此，本研究将借鉴S-O-R理论模型，将旅游者在民族旅游景区的旅游体验价值作为本研究的外部刺激，将旅游者在体验价值作用下形成的对旅游景区的地方依恋、对景区的真实性感知分别作为愉悦、唤醒两个情绪，共同研究其对民族景区旅游者购物行为意向的影响机制。

二、期望价值理论

动机是促使人产生行为、行动的原动力。动机是人们为达到或规避某种经历，达到某个目标作出的选择及付出的努力程度（Keller，1985）。动机行为是由个体的需要和环境中可获得的目标的价值共同引起的（Herbert，2005）。在动机的影响下，为了更好地解释不同人群、动机与行为间的差异，期望价值逐渐被提出。

根据期望价值发展的时间和内在含义，期望价值理论被分为两个阶段：早期的相关研究认为，人的行为是基于对某个目标的期望形成的，期望之所以产生是因为目标具有可被个人认知的价值。Lewin（1938）提出，抱负水平的构想能记录人选择的决策过程。抱负水平是指个体基于过去经验为自己确定的目标，之前的成功是否会对应影响抱负水平的上升或低抱负（Herbert，2005）。在相关研究基础上，Atkonsin（1964）提出了早期期望价值理论，他将成就动机分为成就驱动力、成功预期和诱因价值，并运用数学推理构建关系式，研究指出，任务难度与成功概率成反比、与成功诱因价值成正比。这一价值理论在早期动机理论研究中占据非常重要的地位。鉴于早期期望价值理论对环境因素重视不足而过分强调个人的心理因素，后来的学者在此基础上进行了修正和拓展，将环境因素纳入其中，形成了现代期望价值理论。在现代期望价值理论中，Ecles等（1998）认为，成功可能性预期与相对价值是人做出选择的关键性决定因素，期望和价值受到特定任务信念的影响，并给出了获取价值、内部价值、效用价值与花费四种任务价值成分。Feather（1992）发展了Atkonsin的理论模型，认为价值是一种引导个体做自身认为该做的事情的动机，价值还被定义为一系列对于个体感知到的、稳定的、整体的信念。Heckhausen经过研究，提出了"情境—结果、活动—结果、情境活动—结果与结果—影响"四种期望模型，认为动机主要取决于个人对行为影响的价值认识（Jacquelynne，2002）。相比而言，现代期望价值理论在期望、价值的研究范围与关系上更加精细化，并集合社会学、心理学等因素共同推进了相关行为的实证研究。但缺陷在于过分强调理性认知过程而忽视其他影响，还需要在情感方面、情境与个人动机交互方面加强研究（姜立利，2003）。

根据期望价值理论可以看出，个体价值来源于已有经历和相关认知的基础上，它是动机、行为产生的主要因素。Croninl & Oh等学者认为，体验价值比质量等变量更适合作为行为研究的前因变量；Ching-Hsue Cheng等学者验证过体验价值对行为意向或顾客忠诚的显著影响。李江敏（2011）将环城游憩体验价值作为前因变量，将体验价值分为认知价值、功能价值、经济价值、情境价值、情感价值，研究其与游客满意度、行为意向间的关系；通过研究发现，认知价值直接正向影响行为意向，功能价值、经济价值、情境价值、情感价值必须经过游客满意度对行为意向产生间接影响；游客满意度直接正向影响行为意向。阳信芬（2015）通过对农家乐体验研究发现，体验价值与行为倾向具有显著的正相关关系，体验价值通过满意度对行为倾向产生正向影响。

从上述研究可以看出，价值是产生动机、影响行为的关键性决定因素。对于旅游者而言，人人期望获得一次完美、难忘的旅游体验和经历，这其中也包括旅游购物经历与体验。在旅游活动中，要促进和发展旅游购物，促使形成旅游者的积极购物行为意向，就应当关注旅游者的动机，洞察旅游者购物的偏好，关注促使旅游者购物动机及购物意愿（偏好）产生的旅游体验价值的重要地位及其影响作用。因此，在借鉴学者们对期望价值理论研究成果基础上，本研究选择旅游者在景区内的游览体验价值作为影响其购物行为意向的前因变量，在对景区体验价值构成体系研究的基础上，探讨体验价值在旅游者地方依恋、真实性感知形成基础上对购物行为意向的作用机制。

三、"期望—差异"理论

心理学家 Victor H.Vroom（1964）提出"期望—差异"理论，重点是反映个人的需要与目标之间关系的理论。在营销学研究过程中，早期的学者广泛认为，消费者自身感受到的服务质量会影响到其满意度和忠诚度。Oliver（1980）将"期望—差异"理论应用在零售服务业的顾客满意度研究中，指出顾客在购买商品前会有一个基于自身对商品和服务的期望，在顾客购买之后会比较实际体验和感知到的效益，当认为自身实际感知到的效益大于自身期望的时候，顾客会对消费感到满意，相反顾客则会产生失望，并进而影响其后续的综合评价与消费行为。该模型表达形式为"S=P-E"，其中"S"表示消费者评价的分值，"P"表示感知效益，"E"表示期望。作为可以解释消费者行为的基础理论，"期望—差异"理论同样适用于旅游行业，可以应用于旅游消费行为的研究。在一次旅行或消费过程中，旅游者在出发或消费前会受到多种不同渠道的目的地相关信息影响，并在多种信息的作用下对目的地产生一种自我的期望，从而驱使旅游者做出进一步的行为决策。Churchill & Surprenant（1982）在综合前人研究的基础上归纳出影响顾客满意度"期望—差异"理论的主要变量：一是顾客期望，指顾客在消费之前对于产品感知的内心的产品绩效；二是产品绩效，在顾客体验之后对于产品的一种评价和预期绩效的比较；三是不一致及其程度，当顾客体验完产品之后就会和预期进行比较，这时会出现三种结果：一致的、大于预期、小于预期。Rodríguez（2006）的研究发现，旅游者期望是由多个不同的部分组成，其中"图像"是影响旅游者期望形成过程的重要因素。旅游者期望与包括购物行为在内的消费行为之间存着直接关系。徐媛（2008）认为，旅游者的期望主要是通过参与活动能够给自己带来美好的体验，满足自己的预期心理，而旅游者预期心理的产生主要是受到外界媒体的传播以及不断得到目的地相关信息而形成的，是对目的地的一种潜在的心理感觉。"期望—差异"理论作为研究消费行为的重要范畴，在旅游领域也得到广泛的采纳与验证，学者们运用"期望—差异"理论，以旅游者作为研究对象，探讨了旅游者的期望对旅游者的购物行为、满意度等的影响，研究发现当期望度越高、差异越小时，旅游者更易于做出正向的消费行为，如购物行为、重游行为、推荐行为等。基于此，本研究将"期望—差距"理论作为探讨旅游者在民族旅游景区游览中形成的体验价值的程度，以及因此形成的地方依恋、真实性感知的程度，并通过确定其游前期待与实际体验、感知之间的差距大小，来确定其与购物行为意向之间的关系。

四、认知评价理论

认知评价理论是早期的自我决定理论，是为了解释外在报酬对内部动机产生削弱性影响的原因而提出的；自我决定理论是人们在个性发展和行为调节中有关自我决定的动机理论（Deci & Ryan，1985）。

认知评价理论认为，个体具有发展能力和自我决定的需要，当外部因素条件得到满足时会促进个体自主知觉和发展能力增强，进而激发内在动机；反之，则导致自我发展能力没有提高，内在动机也不会被激发（Deci，1985）。个体因有内部心理（自主需要、能力需要、归属需要）需要，再由需要产生动机，个体会尽力满足内在需要；满足外在需要产生外部动机，满足内在基本心理需要产生内部动机（Ryan，2000）。该理论还将外部环境区分为控制性和信息性，认为信息性的外部环境可以促进个体的内部动机及行为，控制性则相反（张剑等，2011）。如果外部环境损害自主需要、能力需要，便会降低内部动机，反之如果没有损害或是满足心理需要，便不会降低甚至会提高内部动机（Deci & Ryan，1985）。认知评价理论的重点，在于揭示社会环境对内部激励行为的影响，该理论提出了"内在激励"，认为人的心理评价是行为意向的关键，过分强调外在激励会导致内在激励萎缩。认知评价理论现已广泛应用于解释和验证外部动机和内部动机在不同情境下对行为的影响机制。但人的诸多行为并不都是内在激励型的，外部环境对个体行为意向的影响也非常重要。因此，是否能够将外部动机转化为内部动机，或者让外部激励产生与内部激励相似的理想效果，成为研究的重点。

依据对认知评价理论的综合分析，可以看出在重视外在条件的同时，该理论更加注意内在需求的满足和认知评价。分析该理论可以得出这样的推论：人的动机主要来源于外在条件作用下其内在需求的满足与认知评价，动机划分为外部动机和内部动机，动机影响人的认知评价。对于体验价值而言，其构成包括对客观条件的评价和主观感受的评价，分别对应体现为外在价值和内在价值。那么，在体验价值对购物行为的影响过程中，是否也存在认知评价理论提出的外在价值会激发内在价值，并且内在价值对行为结果的影响更为关键？鉴于此，本研究将认知评价理论作为探讨体验价值的理论维度，在体验价值、地方依恋、真实性感知和购物行为意向的结构方程模型中，尝试提出体验价值内部的层次作用关系并进行验证。

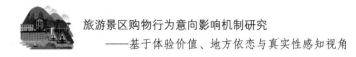

第三节　变量间关系研究

一、游览体验价值与地方依恋的关系

游览体验价值是旅游者在游览全程中对产品、场所、服务等所获得的整体感觉和评价，包括对产品、服务体验过程中的所有感知，本研究将其划分为功利类体验价值和情绪类体验价值两大类。地方依恋是人与特定环境建立的积极联系（Hidalgo & Hernández，2001），人的特征、心理过程和地方特征共同影响地方依恋，根据性质不同，本研究借鉴前人研究将其划分为地方认同（情感性认同）与地方依赖（功能性认同与依赖）。从地方依恋的形成机制来看，对于旅游者而言，旅游体验价值影响旅游者地方依恋的形成。旅游者在自身"概念场所"的积极引导下到旅游目的地进行实地参观，并根据参观、体验等形成新的场所映象即"基模场所"；若基模场所超过概念场所预期，且符合旅游者个人的价值观体系，地方依恋就可能产生（周慧玲等，2009）。在旅游目的地，地方依恋产生的过程中，投入、奉献、阻抗对不愉快经历进行有意识的回忆，均积极影响游客行为的忠诚度（Loureiro，2014）。宗教地容易形成地方依恋，宗教场所通过宗教仪式、古器皿的使用、讲故事和地方朝圣等社会化过程，促使旅游者尤其是信教旅游者基于信仰和良好体验价值，形成旅游者产生依恋和认同（Mazumdar，2004）。在对旅游文化创意园区游憩体验、满意度与场所依恋关系的研究中发现，游憩环境体验、服务质量体验对景区满意度和场所依恋均产生显著正向影响；景区情感体验只对满意度产生显著正向影响，对场所依恋不产生影响，但满意度可作为重要中介，使游憩体验对场所依恋产生显著正向影响（王婧，2016）。具有恢复性功能的环境可以满足人们体验到恢复性的需求，在需要被满足的感受恢复性环境中获得体验后可能促使个体对此类环境产生地方依赖，进而巩固地方认同；恢复体验对地方依恋有显著的正向预测作用，基于环境的恢复体验能够提升个体对该环境的地方依恋水平（冯宁宁等，2017）。以大明宫国家遗址公园为例的地方依恋影响研究中发现，居民的地方认同和地方依赖水平与生活体验感等因素间存在着明显的正相关；在未来的游憩场所规划建设中，要实现游憩场所与居民的情感互动（柳艳超等，2017）。可以看出，在旅游地方依恋的形成过程中，旅游地是依恋发生的基础，而依恋是个体或群体对旅游地进行认知和产生感情后的反应，旅游体验价值正是旅游者产生地方依恋情结的基础。

二、游览体验价值与真实性感知的关系

真实性之所以在旅游活动中被重视，学术界认为基于两方面原因：一是随着旅游大众化和商品化的发展，"失真"现象严重；二是随着现代化推进，导致的危机感、漂泊感、疏离感等现象无法自愈，人们产生对真实性的渴望（赵红梅、李庆雷，2012）。基于这些现象的存在，旅游者暂别现代性而前往异国他乡，有可能收获真实性（Olsen，2002）。对于旅游而言，旅游过程中的真实，既有基于客观的真实，也有基于情感或认知的真实，而且往往后者更为突出。Boorstin（1964）认为，人们在旅游过程中的旅游体验，本身就是旅游者经历的设计好的、失真的体验。从现实看，当前旅游吸引物、旅游商品的客观真实性固然重要，但一些并非客观真实的事物和商品也同样受到旅游者的青睐。于是，关于真实性形成了客观真实性、建构真实性、后现代真实性和存在真实性的认识与划分。除客观真实性外，其余关于真实性的定义都与旅游者个人相关，均具有强烈的主观性。学者们逐渐注意到，对于旅游客体而言是否真实，源于旅游者亲历旅游活动中，基于自身体验之后形成的感知；这里的感知与旅游者的体验价值直接相关。在体验经济时代，消费者的关注点是商品或服务的真实性，研究这一问题必须弄清楚体验与商品或服务的真实性是否存在必然的联系（邓永成，2010）。Gilmore & Pine（2007）将认为体验经济是真实性理论建构的背景，而体验则是真实性理论的主线。Wang（1999）认为，旅游者在旅游过程中感受到的真实并不是因为旅游客体的客观真实，而是从中获得的体验才是真实。黄鹂（2004）指出旅游体验是旅游者在旅游活动中产生的对旅游产品在心理上和情感上的体验。这种体验是有价值的，客观上会对旅游产品的质量、服务等综合性评价产生影响。Goo（2011）构建了旅游纪念品购买的概念模型，通过研究指出，旅游者的旅游体验、旅游纪念本的类型决定了纪念品真实性的水平，从而决定了旅游者的购买意向。基于体验的旅游景区购物，是以旅游者的体验和游览满足程度为中心的，它不仅仅是单纯的购物，同时也在体验情节和场景中满足旅游者的娱乐、审美、休闲等精神需求，还能为旅游景区带来旅游商品销售与旅游服务价值实现的双重收入。因此，旅游者的旅游体验价值与其真实性感知具有密切联系，旅游体验价值对形成、提升真实性水平，并因此形成购物行为意向具有积极意义。

三、地方依恋与购物行为的关系

基于前文对文献的梳理可以得知，作为人与居住地间的情感联结，地方依赖与地方认同共同构成地方依恋，且地方依恋的形成过程是一个从概念到实地、印象到体验、模糊到做出情感决策的复杂过程。地方依赖是对特定地方的功能性依赖，反

映特定地方本身拥有的资源以及提供的配套设施的重要性（Williams，1989），而地方认同是情感性依恋，通过个人与特定地方环境相关的意识、信仰、感觉、价值观、目标、行为倾向及技能等综合而形成（Proshansky，1983）。归纳已有的研究来看，地方依赖的形成主要与旅游者的人口统计特征、旅游目的地的物理特征以及人与地间的社会关系有关。

除了研究地方依恋的形成机制外，近年来国内外学者将研究重点主要转向了探讨地方依恋形成的影响效应上，其中地方依恋与行为意向也是研究的重点。Hailu 等（2005）构建了地方依恋与旅行花费关系的结构方程模型，研究发现因旅游者对特定地方曾经的旅游经历而形成的地方依恋，对休闲需求与消费行为具有显著影响。多数研究者认为，居民和游客对旅游地的依恋越强，居民和游客就越会做出有利于环境的行为（Ramkissoon，2013）。地方依恋基于人地的特殊关系与情感，对形成依恋地的环境保护态度和促进环境保护行为具有积极意义和正向作用，对此国内学者唐文跃（2008）、王东昊（2013）、万基财（2014）、范钧（2014）等都广泛开展了研究并予以验证。同时，学者们还发现，地方依恋对满意度、忠诚度等具有重要影响，地方依恋对满意度具有正向显著作用，这些在黄玉玲（2013）、王江哲（2016）、余意峰（2016）、贾衍菊（2016）等的研究中得到了验证。地方依恋还对其他行为意向具有重要作用，钱树伟等（2010）以屯溪老街为例，在地方依恋的两个维度即地方认同、地方依赖，和购物行为意向的四个维度即购物动机、购物偏好、购物满意度、购物忠诚度间构建了研究模型，通过测量研究得出：旅游者地方依恋对旅游者购物动机、购物偏好、购物满意度及忠诚度均具有不同程度的正向影响，情感性依赖比功能性依赖具有更为显著的影响效应。朱峰等（2015）以假设的求新求异动机为介入变量，构建了游客地方依恋、满意度与重游意愿的关系模型，通过研究指出，求新求异动机在地方依恋、满意度与重游意愿之间起显著的调节作用；对于求新求异动机较弱的游客，由于同等程度的满意度带来相对较高的重游意愿，地方依恋通过满意度对重游意愿的影响得到加强。阮文奇（2017）将"态度—行为"理论应用于旅游社区居民地方依恋与社区营造的研究后指出，地方依恋态度可以促进社区文化与景观环境营造行为发展，社区营造行为可以加深居民地方依恋的人地情感。除此外，地方依恋还被用于研究文化遗产保护、古镇旅游以及旅游目的地外来经营者的地方依恋效应等。依据前人们的研究可以发现，地方依恋对个人的行为意向产生影响，不同范围、不同人群、依恋程度不同等导致行为意向也不尽相同。据此，本研究认为，旅游者对景区的地方依恋，将会对其在民族旅游景区活动与评价、购物行为意向产生影响，影响的机制和效应还需要验证、分析。

四、真实性感知与购物行为的关系

基于上文的梳理、分析，加强旅游购物尤其是发展景区旅游购物，对于丰富旅游目的地旅游要素、增加地方旅游收入、促进民族地区及居民脱贫致富具有积极作用。相对而言，以景区游览体验为基础的景区购物消费行为比传统的购物消费模式更具体验感和吸引力；民族旅游景区购物除了与传统购物一样必须注重旅游商品的客观真实、特色外，尤其要更加注意增加旅游体验及购物体验环节，促使旅游商品内涵的历史文化、特殊工艺、特殊效用等特性、特色等能在旅游体验过程中被感知，并增加感知的真实性水平。在旅游购物中，旅游者可超越旅游吸引物或是纪念品的客观真实，而更加重视构建的真实性、存在的真实性。基于这些研究成果，可以得出这样的推断：旅游购物过程中旅游者更重视感知的真实性而非单纯的客观真实性；感知的真实性越强烈，旅游者感知的风险就越小，安全感就越强，满意度就可能越高，就可能唤醒旅游者购物的意愿或欲望。对于这个推断，国内外的相关学者也基于相似的视角进行了分析、验证。真实性已成为一个很热的卖点，旅游目的地必须强调旅游产品的真实性，才能保持旅游吸引力（Halter，2000）。Asplet ＆ Copper（2009）发现，在商品标签上注明设计的真实性会增强游客的购买意愿。游客对真实性的感知程度与游客的消费成正比，高度真实感成为高消费的主要决定因素（Chhabra ＆ Healy，2003）。后现代社会提升了消费者对真实性的诉求，消费者基于对产品真实性的感知来进行消费决策（Gilmore ＆ Pine，2007）。国内不少学者也对真实性感知与购物行为意向间的关系开展了研究，徐伟等（2011）将满意度定义为意向因子、将忠诚度定义为行为因子，发现游客的客观真实性和建构真实性感知直接影响其满意，间接影响其忠诚行为，游客的存在真实性感知影响其意向和行为；陈伟军等（2017）以绿色化妆品为例，指出绿色属性对消费者购买意愿有积极影响，消费者感知到的绿色属性越真实，其购买意愿就越强；宋嘉莹等（2017）从好评返现的视角出发，研究发现"好评返现"显著影响对商品的真实性的评价，当这种现象出现越多就会导致消费者对评论的真实性感知下降，其购买意愿也显著下降。在旅游购物中，真实性感知作为旅游者基于体验价值形成对旅游吸引物尤其是旅游商品的感知和评价，将对旅游者的购物行为意向产生重要影响，影响的机制需要针对不同领域进行验证。

第四节　本章小结

本章对体验价值、地方依恋、真实性感知、旅游购物的相关文献进行梳理，介绍了旅游消费者行为决策理论、期望价值理论、期望—差距理论、认知评价理论四大理论研究基础，整理了各变量之间的关系，并在过程中界定、提出了本研究的相关概念。在此基础上，本部分将在综合文献进行评述基础上，找到前人研究中存在的不足，从而提出启发。

一、以往研究的不足

（一）"刺激—机体—反应（S-O-R）"模型还未能广泛应用于购物行为意向的研究

从现有研究看，虽然"刺激—机体—反应（S-O-R）"模型比"刺激—行为"模型在研究、揭示个体受到刺激后产生的心理、情绪更具优势，但从文献梳理情况来看，以这一模型为主题的、研究消费行为意向的成果还不多，现有的以"刺激—机体—反应（S-O-R）"理论模型的研究多集中在对网络使用者行为、网上消费行为（张玉鲁，2011）等网络现象上，以及相关行为意向的影响因素研究上。在国内，这一模型在旅游领域，在购物行为意向尤其在民族旅游景区与旅游者购物行为的应用研究上的成果相对比较欠缺。

（二）国内以旅游者为研究主体的景区购物行为实证研究还欠缺

笔者通过知网查询标题涉及"旅游购物行为"的文献，自2000年以来的研究直接涉及或专题研究旅游者购物行为的仅有几十篇，涉及特定理论、变量、条件、背景、国籍及地区的购物行为研究等；从视角上，涉及旅游者为主体的旅游购物研究更少；在维度上，以旅游者行为视角的研究仅4篇（感知、动机、依恋、态度）。另外，现有的研究对旅游景区的研究不少，但多是从宏观层面进行旅游景区的思考（邓丽娟，2011）、规划开发（李敏，2006）、营销策略分析（谢朝栋，2014；刘燕，2017）、商品开发与管理（马进莆，2007；杨晨，2015）等。根据文献整理的情况来看，对于景区旅游购物特别是购物行为意向的影响机制研究得还不多，景区旅游购物的关注点还多集中在旅游商店的选址、商品的开发上。这种忽视旅游者作为旅游体验和旅游购物主体的思想，未能从影响其旅游购物行为意向产生的因素出发并形成有效的意见、措施，可能是导致景区旅游购物停滞不前的原因。

（三）以体验价值作为变量，结合地方依恋、真实性感知系统研究购物行为意向的成果还很少

体验价值、地方依恋、真实性感知作为具有一定主观色彩的感知、认知、综合

性评价，近年来学者们将其用于研究某一领域、某一地区或某一行为的成果已有；而且作为某一个研究中的变量，经常与满意度、忠诚度一起，共同分析对行为意向的研究。但体验价值还需在不同领域背景下继续探索其结构体系，其内部的层次作用关系值得探讨；以旅游者游览体验价值对地方依恋、真实性感知的影响机制分析还需深入，把体验价值、地方依恋、真实性感知这三个具有主观和情绪性的变量集合在一个系统内，综合研究对旅游者购物行为意向的文章笔者还尚未发现。

二、现有研究成果对本研究的启发

（一）旅游主体的心理、情绪因素对购物决策至关重要

已有的消费者行为决策模型、旅游者购物行为模型（刺激—反应）等，揭示了个体行为决策的产生过程，即：个体在自主信息搜集或外部环境刺激下，通过内在信息加工、情绪反应后形成意向，行为意向选择并实施后，进行事后评价。这一决策过程，凸显了主体对行为决策的重要性，尤其是主体基于自我的信息加工能力。在此基础上，"刺激—机体—反应"模型完善了个体在外部刺激后的心理变化与情绪产生过程，尤其是主体因偏好等形成不同情绪，并影响行为决策。这突出反映了主体偏好、心理反应及内在情绪等对决策的重要性。因此，本研究在注意到旅游者人口统计特征的同时，重点分析旅游者在景区游览过程中基于体验形成的心理过程、情绪情结等对其购物行为意向的影响。

（二）已有变量的研究维度、测量指标有助于构建旅游景区购物行为意向研究的分析维度与测量指标体系

本研究将引入S-O-R模型研究旅游体验价值、景区地方依恋、真实性感知与旅游者购物行为意向间的影响机制，虽然体验价值、地方依恋、真实性感知在旅游领域、景区购物行为意向的研究上还未能系统地构建模型和测量系统，但是这三个变量作为个体在体验过程中形成的主观性重要因素，在其他领域、区域的研究上已有一些相关的测量指标，并划分为不同的维度。这些将为本研究划分维度、提取指标、构建模型提供有益借鉴。

（三）将理论和实证分析相结合的方法引入本研究

本研究将在文献研究、理论研究基础上，借鉴学界使用的结构方程模型（SEM）开展实证研究。结构方程模型能够同时考虑和处理多个因变量，同时允许潜伏变量由多个外显指标变量构成并可以构建各个潜伏变量之间的关系，通过结构方程模型

研究有助于推动研究的数量化和精确性。本研究将理论分析和实证分析相结合，用基础理论指导实证研究的方向和目标，在S-O-R等理论的基础上构建结构方程模型，使研究更加完整。

（四）借鉴"刺激—机体—反应（S-O-R）"模型，将体验价值、地方依恋、真实性感知作为变量尝试研究景区购物行为意向影响机制

对于在"刺激—反应"模型上发展、研究而来的"刺激—机体—反应（S-O-R）"模型，从理论层面其可以较好地解释个体在受到外部刺激后形成的心理过程和情绪反应，以及由此引发的行为意向。从实践层面而言，国内外学者基于该模型的已有研究成果，揭示了在外界刺激作用下，机体产生情绪并进而对行为意向具有显著影响。本研究将借鉴于此，将体验价值、地方依恋、真实性感知与刺激、愉悦、唤醒相对应，共同研究影响旅游者景区购物行为意向的机制。

上述存在的不足，正是本研究将在借鉴前人研究基础上在本研究中要着力解决的。在随后的章节中，本研究将基于相关理论基础，提出民族旅游景区游览体验对购物行为影响机制的研究模型，并验证旅游者体验价值、地方依恋、真实性感知和购物行为意向间的关系，推进民族旅游景区购物的理论与实证研究。

第三章　研究区域

　　旅游景区是指以旅游及其相关活动为主要功能或主要功能之一的区域场所，能够满足旅游者参观游览、休闲度假、康乐健身等旅游需求，具备相应的旅游设施并提供相应的旅游服务的独立管理区；是旅游业的核心要素，是旅游产品的主体成分，是旅游产业链中的中心环节，是旅游消费的核心。旅游景区一般具有统一的经营管理机构和明确的地域范围，基于不同角度有多个分类方法。鉴于不同景区呈现的旅游资源与特性不同、旅游者在不同景区的体验方式不同、不同类型景区的购物市场发展差异，以及因此可能导致影响旅游者购物行为意向的机制差异，本研究将研究区域集中设定在民族旅游景区，专项研究在此区域内的旅游者购物行为意向影响机制。除此之外，也期待通过本研究的专题探索，为民族旅游景区、民族地区发展旅游产业和景区购物市场，并以此促进民族区域经济发展、提升居民生活水平等提供有益建议。鉴于此，本章将对民族旅游景区涉及的相关概念、资料以及本研究选取的景区案例进行阐释。

第一节　民族旅游景区

一、民族旅游

　　随着经济社会的发展、可自由支配收入与闲暇时间的增加，公众的精神追求日益多元化，旅游已经成为现代生活中不可缺少的生活方式之一。各个国家和地区，为了迎合公众的需求纷纷开发各种旅游资源与旅游景区。中华文明源远流长，旅游资源丰富，很多学者对我国的旅游景区与旅游资源进行了梳理，也在很多子领域达成了共识。不过，针对民族旅游，民族旅游资源的概念依然停留在文字本身的意境，抑或局限于单一的视角，很多概念放到现在似乎难以在实际应用中得到佐证。Smith（1989）提出，民族旅游就是把古雅的土著风俗以及土著居民包装成旅游商品以满足旅游者的某种消费需求。此概念仅是把民族旅游的概念局框定在民族旅游文化产品的范畴，在这里究竟是民族旅游还是民俗旅游也未界定清楚。由于文化背景与研究历程的差异，国内外对于民族旅游的概念存在一定的差异，国外学者更多将其命名为土著旅游/原著旅游（Lemelin，2015）。认为民族旅游是游客游览那些民族认同感强，有明显的身份特征的部落和地区（Bruner，2001）的行为。国内学者对于民族旅游的命名有民族地区旅游、民族文化旅游、民俗旅游等，概念名称虽有所不同但是意义上基本相近（陈刚，2012；李菲，2018）。国内学者认为民族旅游是指旅游者与旅游对象分别属于不同民族或不同文化氛围，彼此之间相互交流而进行的旅游活动，属于一种跨民族跨文化的旅游形式（潘盛之，1997）。民族旅游是把少数民族的生活习俗和东道主本身作为旅游资源而开展的活动，在开发过程中应该处理好民族旅游保护与民族文化开发这一矛盾统一体（马晓京，2000）。民族旅游是一种旅游者被当地的异域风情和手工艺品所吸引的旅游活动（王静，2004）。民族旅游是一种旅游者被优美的自然环境和独特的民俗风情吸引，从而所进行的短暂停留并进行观光游览的行为（刘晖，2006）。还有学者提出，民族旅游是由当地的生活环境、民俗风情、手工艺品等组成的旅游商品集合（李旭东，2006）。目前对于民族旅游的命名上国内外有所差异，但总体上都明确了"民族旅游"是一种独特的旅游形式，都认为民族旅游中的民族一定是少数民族，他们本身也是民族旅游的一部分，旅游的吸引力主要就是来源于东道主的生活习俗。但在这些相关概念的使用中，"民族旅游"与"民俗旅游""民族文化旅游"与"民族风情旅游""民族地区旅游开发"等概念存在在使用时混淆不清的情况，甚至某些学者对这些学术概念的滥用对学术研究起到了负面作用。概念是研究的根基，概念把握不清会使研究失去信度，因此准确阐明"民族旅游""民族旅游资源"等概念不仅十分必要，而且还是研究"民族旅游"所涉及的各种研究衍生品的首要环节。换言之，明确"民族旅游"之概念即是为海南槟榔谷黎苗文化旅游区定义为民族旅游资源（景区）提供理论基础。

对于民族旅游的概念研究可以将其分解成民族、旅游两个因素进行研究。关于民族的定义，马克思认为民族是人们在历史上形成的一个有共同语言、共同地域、共同经济生活及表现于共同文化上的共同心理素质的稳定的共同体（金炳镐，1984）。国内很多学者支持这种看法，在我国出版的《辞海·民族分册》中也以此为基础。广义的民族是指人类在长期发展过程中形成的各种人的共同体，也指一个国家或地区的民族聚合体；狭义的民族指近现代民族和单一民族。对于民族概念的理解，不同的学科有不同的出发点。笔者认为，对于民族的概念无须进行广义与狭义的划分，因为无论对于民族产品的开发者还是学习民族知识的学者，只要知道民族的内涵就足够了。民族就是在人类历史发展过程中形成共同地域、共同语言、共同文化、共同心理素质及体貌特征相似的稳定共同体，因为这些相对稳定的共同因素，使得其他民族可以通过感官直接了解一个民族的特征和文化等。

对于旅游的概念学术界同样有很多解释。蒙根·罗特认为，旅游是短暂离开居住地，为了满足生活和文化需求或者个人愿望，而作为经济和文化商品的消费者逗留在异地的人的交往的行为（邓永进，2009），强调旅游人的交往行为。美特森认为，旅游是一种休闲的活动，它包括旅行和在离开居住点较远的地方逗留，其目的在于消遣、休息或为了丰富经历和文化教育（王洪滨，1997），强调旅游的目的。1991年旅游统计国际大会明确将旅游定义为，人们由于闲暇、事务和其他目的而到其惯常环境之外的地方去旅行，其连续停留时间不超过一年的活动，从统计学角度限定了停留时间。也有学者认为旅游在本质上以获得人身的自由感、精神上的解放感和特定需要的满足感及身心愉悦感为目的的一种特殊生活经历（张野，2016），用旅游的本质为旅游做出定义。随着国内旅游业的迅猛发展，学术界对于旅游的定义从本质定义走向体验定义，首当表现为谢彦君提出的旅游体验，谢彦君认为旅游体验是旅游最核心的因素。现在旅游学界依然在对旅游的定义进行研究和探讨，通过对旅游概念的梳理我们不难发现，无论是国外学者还是国内学者都已经对旅游主体、旅游时间性、旅游本质性、对日常生活的差异性体验等概念达成了基本共识。笔者认为，旅游是在一定社会条件下产生的一种经济文化现象，是人们出于某种目的，离开居住地所进行的非定居旅行和短暂逗留而引起的一切现象和关系的总和。旅游不仅仅是一种经济现象，更是一种文化现象，旅游体验是旅游的重要方式与内容。

在厘清民族、旅游两个概念之后，本研究认为民族旅游是人们以了解、观赏、体验、认知、感悟、探索民族社区、民族文化、民族技艺甚至民族共同体为主要目的而展开的旅游活动。对于民族旅游的定义可以从四个方面进行理解：一是与其他旅游活动一样，民族旅游同样具有暂时性、异地性、综合性等特征。不过民族旅游的指向为民族社区、民族文化、民族技艺与民族共同体，民族旅游文化更加注重旅游消费者的文化需求，更突出文化交往行为。二是民族文化是指民族创造的物质财富与精神财富的总和，可以是原生态的、次生的、混合的、创造性的，是激发旅游和旅游体验的基础因素，可以潜移默化地影响旅游者的行为。三是民族社区（民族聚居地）是民族居住、生活、进行生产的地理环境与生活空间，民族与文化都孕育在民族社区之中并发扬光大，民族社区是民族旅游的重要吸引物，也是展示民族文化与民族共同体的载体。四是民族共同体是民族文化的创造者，其载体是民族文化传播的继承者，是民族文化的直接展现者；民族共同体是民族社区的主人，是民族旅游的核心所在，被旅游者所追求、向往。民族共同体之所以成为核心所在是因为各民族的不同特性使然，不同特点的民族共同体有不同的民族文化与民族习惯。

二、民族旅游资源

毋庸置疑，旅游资源是旅游行业赖以生存和发展的基础。本研究认为，民族旅游资源是指能够激发旅游者产生旅游动机，吸引旅游者开展旅游活动的民族文化、民族社区、民族技艺以及民族共同体本身等。作为民族旅游资源的民族文化、民族社区、民族技艺以及民族共同体，一部分是旅游者可以通过感觉直接得到的，如民族饮食、民族服饰、民族艺术、民族旅游实物商品等；一部分是旅游者需要知觉才会体验到的，如民族风气、民族风尚、民族文化等；一部分是可以直接被利用的，如建筑村落、自然风光、传统舞蹈等；一部分是可以被间接利用的，如民族的婚恋与生育习俗等。当然，还有一部分是不能被随便开发和轻易利用的，如民族的宗教信仰、丧葬习俗等。

民族旅游资源具有区域性、多样性、民族性、神秘性、可发展性等特征。其中区域性是指地理意义上的区域性，如海南黎族，尽管黎族人可以去其他省份，但是黎族的居民聚集地只有海南才有；再如蒙古族只有在内蒙古草原上才能体验到原生态的蒙古族风貌。多样性一方面是指某个单个民族本身的旅游资源的多样性，另一方面是指整个民族旅游资源的多样性，据统计全世界的民族有两千之多。民族性是指民族文化的创造者均来自本民族的先辈、当代人及后人，民族文化的传承的主体、未来的发展也是靠本民族共同体，民族旅游资源具有民族性。神秘性是指少数民族中具有神秘色彩的特殊文化行为的如巫术文化、宗教文化、特技等具有神秘性，并以此种具有强烈诱惑性的旅游资源对旅游者形成强大的吸引力。自古至今人们对于神秘地区与文化的探索向往从未停歇。发展性是指随着时代的发展，民族内的各因素也随之发生变化，旅游开发者会对原有的旅游资源进行改造和开发形成新的全新旅游资源从而达到旅游创新的目的，民族旅游资源不是一成不变的，是可以发展的。

三、民族旅游相关理论研究

作为一种特定的旅游形式，理论界对民族旅游的研究经历了从无到有、从历史文化特征的理论研究到开发利用保护的应用研究的一个逐步发展的过程。对目前民族旅游研究主要内容进行分析、归纳，可以发现其研究主要集中在五个方面：

（一）基于利益相关者的民族旅游参与主体研究

旅游业是一个综合性产业，涉及吃、住、行、游、购、娱六大要素，旅游者的参与主体庞杂，但每个主体都是推动旅游业可持续发展的重要组成部分。民族旅游的发展必须以良好的民族旅游资源为前提，而在趋利的市场环境中，要实现民族旅游的健康发展，既要做好民族资源的保护、供给和利用，又要促使资源能够最大限度地转化为旅游产品和形成强大的吸引力，还要从均衡的角度注意旅游者与民族区域当地及居民的权益保护与协调，注意旅游经济与社会、文化三大效益的均衡，而要实现这样的综合目标首先必须理清民族旅游参与主体及其相互间的作用关系。以国外学者对民族旅游的研究为例，Moscardo & Pearce（1999）将澳大利亚民族旅游的旅游者划分为关系型旅游者、学习型旅游者、参与型旅游者和猎奇型旅游者，明确了不同旅游者的特征及需求；Li & Wall（2009）在研究中提出，旅游目的地的政府、旅游企业、当地居民和旅游者是云南西双版纳旅游的主要利益相关者。同时，在诸多研究中他还发现，基于人口统计特征如旅游者的年龄、教育程度和户籍地等因素也会影响旅游者对民族旅游的兴趣。而国内学者的研究主要集中于利益相关者的主体以及主体相互间作用的协调上，民族旅游的发展既可以保护当地的民族文化又可以增加当地的经济收入，旅游目的地这一概念里也包括当地居民，对于旅游者而言，当地居民既是当地的主人也是民族旅游资源的一部分，在发展民族旅游的过程中，要正视旅游者与旅游目的地之间既可能存在矛盾又相互依存的关系，综合协调利益相关者之间的合理利益，民族旅游才能持续发展（陈昕，2013）。民族旅游的发展涉及旅游者、东道主、旅游企业、政府等多个利益相关者，容易产生利益冲突，在民族旅游中只有利益相关者之间互相协调好，才能促进民族地区的建设和可持续发展（肖琼，2009；李乐京，2013）。因此，发展民族旅游，推进民族旅游景区更好地发展景区购物，不仅与旅游者的消费需求有关，也是民族旅游景区目的地政府、企业等需要共同关注的内容。

（二）基于负责任旅游的民族旅游各主体的权利义务

之所以出现"负责任旅游"研究，是旅游目的地及居民开始认识到旅游业在带来经济效益的同时，对旅游目的地的环境、资源、文化以及社区生活等方面同样也会带来负面影响。Krippendorf呼吁旅游发展方式要考虑减少对环境和社区产生的破坏，并首次倡导称为"负责任旅游"的旅游方式。Hetzer提出发展旅游对自然环境和目的地负责的"环境影响最小化、尊重东道主文化最大化、东道主经济利益最大化和旅游者满意度最大化"四个原则。2002年多国签署《旅游目的地负责任旅游的开普敦宣言》。《宣言》中指出：负责任旅游就是任何一种旅游的发展方式都要以减少旅游对当地经济、社会和环境产生的负面影响为前提。

民族旅游的发展，是在有效保护与开发破坏民族旅游资源、历史、文化、技艺、传统以及环境的矛盾统一体中进行的一种特色化的旅游。民族旅游的发展，绝对不能将眼光狭隘地集中在经济效应，而必须在"负责任旅游"理念导引下，坚持均衡社会、文化和经济三大效益，将负责任理念与民族旅游发展综合协调推进。从现有的国内外研究成果看，在理清民族旅游发展的主要参与主体的基础上，基于负责任理念下的民族旅游发展，主要聚焦在参与主体和责任义务上，其中：民族旅游目的地的政府、企业、从业者是民族旅游的主要供给方，共同承担着提供健康的旅游环境、市场、产品与服务的重要责任，以及维护民族旅游目的地的特色资源、文化与居民生活不受影响的义务；旅游者作为民族旅游的需求方与消费方，承担着维护民族旅游目的地资源、环境、文化且与当地居民和谐共处的责任；民族旅游目的地居民作为旅游的提供者、受影响者和见证者，承担着为民族旅游发展提供良好资源、环境、氛围等责任。在需求与供给相互作用过程中，民族旅游目的地的资源、环境、历史、文化、传统、氛围等民族旅游得以实现的基础要素，是所有参与民族旅游的利益相关者均应保护、维护和提升的重点。因此，在"负责任旅游"理念促进下，民族旅游的供求双方或利益相关者在有效保障资源、环境、文化等方面安全有序的条件下，通过挖掘民族旅游目的地的各类特色因素和持续创新，为旅游者提供满足特定需求的民族旅游产品与服务，并形成一次完美旅游体验的进程。这一进程涵盖了兼具需求性和产业化的民族旅游，在其中供求双方或利益相关者因为具体目标不同而存在责任性的差异。

（三）基于可持续发展的民族旅游资源保护及开发

有效保护民族旅游资源，是推进民族旅游可持续发展的基础；科学做好民族旅游的产业规划，是发展民族旅游的前提。国内不少学者在研究民族旅游中认为，在民族旅游中保护和开发两种行为是两种互相对立的选择，是需要在发展中协调解决的。民族文化的保护与旅游发展之间存在一定的矛盾，而生态博物馆是在旅游发展过程中保护民族文化最为有效的发展模式（余青等，2001）；在开发民俗文化脱贫致富的同时，要兼顾保护生态环境与资源的重要任务（崔广彬等，2007）；可以通过立法来保护民族旅游中的非物质文化遗产，通过宣传来引导居民和游客来共同保护文化遗产。在开发模式上，民族旅游发展模式从空间上可以划分为原地开发和异地开发模式，从时间维度可以分为短期节庆式和长期固定式（丁健等，2002；任冠文，2006）；民族旅游资源发展应该遵循"政府主导、公司运作、社会参与"的开放型发展模式（麻学锋等，2006）。为协调好保护与发展之间的关系，应该努力协调好旅游地、旅游开发者和当地政府之间的关系，开展以民族地为核心的旅游开发模式。民族旅游的经营者并不认为自己是"自主"业务，对于生态旅游认证过程复杂且昂贵，需要对民族旅游开发企业提供教育与支持，确保民族旅游与生态旅游之间的关系更加牢固，改善民族旅游地居民的经济地位。关于民族旅游的开发模式研究经历了由简单的保护到多方合作开发，再到全社会参与共同保护与开发的历程。学者们越来越强调民族旅游资源的开发不是个人的责任，而是全社会共有的责任和义务，民族旅游应该走可持续发展之路。

（四）从效应角度看民族旅游对目的地的影响

任何旅游对目的地的影响都是不可避免的，从影响类型上可以划分对社会、文化和经济的影响，从效应上可以分为正向或者负向影响。民族旅游对目的地的影响也是国内外学者民族旅游研究的重要内容，尽管学者们的研究视角各有不同，但从当前的研究看主要集中于社会、文化和经济三大类型的效应方面：一类学者是敏锐地从社会和文化的角度认识到民族旅游发展引发的负面效应，发现民族旅游在发展中基于利益的驱使等原因，在文化交流中不但没有保护和传承民族文化，反而在文化交流和冲突中破坏了当地的民族环境、民族文化，造成了目的地居民与旅游者之间的文化冲突和社会对立；另一类学者基于发展的眼光，通过数据尤其是经济数据的对比更加认同民族旅游的积极影响，尤其是在发展民族旅游的促使下，不少濒临失传或已经失传的民族历史文化和技艺等通过挖掘得以恢复和传承，而且部分地区通过民族旅游的发展改善了民族区域的交通、居住环境，提高了当地居民的收入和生活质量，促进了区域经济的发展。民族旅游由旅游者、东道主和旅游企业组成，随着民族旅游的发展，外来旅游者的数量持续增加，造成了本地文化的同质化和社会关系的紧张等现象，但与此同时旅游改善了当地人的物质生活水平（Berghe，1992）。民族旅游提高了当地经济发展，减少了外出务工人员的数量而没有严重破坏社会规范，促使社会稳定（Boissevain，2010）。民族旅游的发展促进地区族群之间的相互交流，增加了族群意识，但随着贫富差距的加大有可能会引起民族冲突等问题（陈刚，2012）。

（五）从促进角度研究民族旅游有序发展的制度机制

在如何有效推进民族旅游发展上，学术界进行了广泛的实证研究。Williams & Richter（2002）认为，由于加拿大土著旅游地路程较远，需要开展不同的分销渠道吸引游客，为游客提供旅游地的准确位置、推广土著旅游的营销宣传策略。江晓云（2004）提出，应当针对瑶族独特的民族文化优势，对其目的地形象、发展目标、产品等进行创新性的系统设计，以促使其在旅游发展中形成特色和吸引力，进而推进脱贫致富。民族旅游发展应当重视重游市场的稳定和发展，可以针对不同的游客采取不同的市场措施（罗敏，2014）。在理解和推进民族旅游发展，促进旅游经济的过程中，民族村寨可以从立法、制度、监控等方面对旅游资源进行合理开发（罗永常，2006）。从整体而言，民族旅游的发展会涉及旅游者、目的地居民、政府、企业等多个主体，只有主体之间相互协调民族旅游才能持续发展；同时，我们还要深刻地认识到，民族旅游对社会、文化和经济的发展既有消极影响，也有积极影响，如何基于绿色、生态、负责任理念等实现保护与开发的有效融合，是民族旅游研究的重点，也是贯彻可持续发展理念、高质量发展理念的体现。

四、我国民族旅游景区

旅游景区是建立在特定旅游资源基础上的、具有完善旅游服务设施与基础的、为旅游者提供旅游服务的独立管理区。本研究认为，民族旅游景区是以民族旅游资源为基础、设定在民族聚居区域的景区，其以特有的民族社区、民族文化、民族技艺与民族共同体等作为旅游吸引物，以此吸引旅游者。

近年来，我国鼓励各个地方利用各类旅游资源积极并大力发展旅游产业，形成了多个类型、层级的旅游景区，为规范和提升旅游景区的管理与服务，并开展了景区的评级，以AAAAA级为最好级别。根据国家相关部门发布的资料，2017年前后我国拥有AAA级旅游景区3018家、AAAA级旅游景区2580家、AAAAA级旅游景区249家，其中最具代表的民族AAAAA级旅游景区27家，分别为新疆8家、宁夏2家、青海1家、西藏2家、云南5家、贵州3家、海南2家、广西2家、内蒙古2家（见表3-1），我国AAAAA级的民族旅游景区占到整个AAAAA级景区的10%以上。

表3-1　我国AAAAA级民族旅游景区统计表

省份	景区	民族	获批时间
新疆	昌吉回族自治州阜康市天山天池风景名胜区	回族	2007年
	吐鲁番市高昌区葡萄沟风景区	维吾尔族	2007年
	伊犁哈萨克自治州阿勒泰地区布林津县喀纳斯景区	哈萨克族	2007年
	伊犁哈萨克自治州新源县那拉提旅游风景区	哈萨克族	2011年
	伊犁哈萨克自治州阿勒泰地区富蕴县可可托海景区	哈萨克族	2012年
	乌鲁木齐市乌鲁木齐县天山大峡谷	哈萨克族	2013年
	巴音郭楞蒙古自治州和静县巴音布鲁克景区	蒙古族、维吾尔族	2016年
	伊犁哈萨克自治州阿勒泰地区哈巴河县白沙湖景区	多民族景区	2017年
宁夏	中卫市沙坡头区沙坡头旅游景区	回族	2007年
	银川市西夏区宁夏镇北堡西部影视城	回族	2011年
青海	海东市互助土族自治县互助土族故土园旅游区	土族	2017年

省份	景区	民族	获批时间
西藏	林芝市工布江达县巴松措景区	藏族	2017年
	日喀则市桑珠孜区扎什伦布寺景区	藏族	2017年
云南	昆明市石林彝族自治县石林风景区	彝族	2007年
	丽江市玉龙纳西族自治县玉龙雪山景区	纳西族	2007年
	丽江市古城区丽江古城景区	纳西族	2011年
	西双版纳傣族自治州勐腊县中科院西双版纳热带植物园	傣族	2011年
	迪庆藏族自治州香格里拉市普达措国家公园	藏族	2012年
贵州	安顺市西秀区龙宫景区	布依族	2007年
	荔波樟江风景名胜区	布依族、水族、瑶族	2015年
	青岩古镇	苗族	2017年
海南	保亭县呀诺达雨林文化旅游区	黎族	2012年
	海南槟榔谷黎苗文化旅游区	黎族、苗族	2015年
广西	桂林市漓江风景区	壮族	2007年
	南宁市青秀区青秀山旅游区	壮族	2014年
内蒙古	鄂尔多斯市伊金霍洛旗成吉思汗陵旅游区	蒙古族	2011年
	兴安盟阿尔山市阿尔山柴河旅游景区	蒙古族和达斡尔族、鄂温克族、鄂伦春族	2017年

资料来源：本研究整理

　　根据上述研究，笔者认为可以将民族旅游资源分为民族文化、民族社区、民族技艺、民族共同体四大类。海南槟榔谷黎苗文化旅游区具有丰富的民族旅游资源，尤其是其黎族文化旅游资源是全国独有的，作为全国唯一的AAAAA级民族文化旅游景区，海南槟榔谷景区适合作为我国民族旅游景区的典型代表（见表3-2）。

表3-2　海南槟榔谷景区民族旅游资源统计表

类	亚类	基本类型	主要资源
民族文化	物质文化	服饰、饮食、交换、交通等	黎族服饰、苗族服饰、黎锦、银饰品、摆件、特色美食等
	制度文化	民风、节庆、伦理等	黎族苗族婚礼习俗、三月三节庆活动
	精神文化	语言、信仰、文艺等	黎语、苗语、苗族图腾文化等

类	亚类	基本类型	主要资源
民族社区	城镇	传统建筑、遗迹遗址、名胜等	黎族聚居区、苗族吊脚楼等
	村寨	特色村寨、生态环境、村容村貌	黎族甘什上村和甘什下村，苗寨
民族技艺	技术	技术、艺术、传统手工艺品	织锦、银器、酿酒、制药、编织等传统技术与工艺
民族共同体	单一民族	名称、族源、支系等	以黎族为主，并有苗族村落

资料来源：本研究整理

第二节　研究案例及商品介绍

一、海南槟榔谷黎苗文化旅游区概况

海南槟榔谷黎苗文化旅游区（以下简称"槟榔谷"）创建于1998年，位于海南省保亭黎族苗族自治县甘什岭自然保护区内，地处224国道保亭县与三亚市的交界处。因其两边森林茂密、山岭峻峭，中间的低洼谷地纵横几公里遍布槟榔，故称槟榔谷。景区坐落在万余棵亭亭玉立、婀娜多姿的槟榔林海，并置身于古木参天、藤蔓交织的热带雨林中，规划面积5000余亩。这里曾是干什黎村的槟榔园和水田地。干什黎村分为干什上村和干什下村两个自然村，世代居住着赛方言黎族居民，以种植槟榔、水稻和山栏为生。景区开发过程中征用了黎村大量土地，尽管景区中的槟榔等作物仍归村民所有，但两村专门用于种植槟榔和农作物的土地越来越少，目前两个村仅有水旱田203亩（人均0.53亩），农业收入非常有限，而旅游收入日渐成为村民的主要收入来源。景区由非遗村、甘什黎村、谷银苗家、田野黎家、《槟榔·古韵》大型实景演出体验区、兰花小木屋、黎苗风味美食街七大文化体验区构成。景区内还展示了十项国家级非物质文化遗产，其中"黎族传统纺染织绣技艺"被联合国教科文组织列入非物质文化遗产急需保护名录。槟榔谷还是海南黎、苗族传统"三月三"及"七夕嬉水节"的主要活动举办地之一，文化魅力十足，是海南民族文化的"活化石"。2015年7月，槟榔谷荣膺国家AAAAA级旅游景区称号，作为中国首家民族文化型AAAAA级景区，槟榔谷还是国家非物质文化遗产的生产性保护基地、十大最佳电影拍摄取景基地，分别获国务院、文化部、农业部颁发的"全国民族团结进步模范集体"“国家文化出口重点项目"“全国休闲农业与乡村旅游五星级企业"等多项国家荣誉。槟榔谷始终秉承挖掘、保护、传承、弘扬海南黎苗文化的原则，是海南原住民文化的传承者和创新实践者。

二、海南槟榔谷景区的旅游商品

槟榔谷景区总共有三类旅游购物区域：黎锦黎族服装与饰品摆件展销中心、谷银苗家苗族银饰品体验与销售中心、黎族苗族特色食品、保健品及药品销售区。黎锦黎族服装与饰品摆件展销中心位于景区非物质文化遗产村，以"纺染织绣"为主，是一项世界级非物质文化遗产，具有极高的文化价值和收藏价值。结合黎村独有的图腾以及其文化底蕴主要体现织锦技艺的精湛以及独一无二。进入黎锦黎族服装与饰品摆件展销中心之前会经过阿婆织黎锦的生活区、四个黎族服装演进的博物馆（无纺馆、麻纺馆、棉纺馆、黎锦龙被馆），让旅游者对黎锦传统文化、特色手工技艺和黎族居民生活有更加深入了解后再进入购物环节，在购物场所可以试穿摄影体验等。这里出售的商品主要有黎锦、木棉披肩、图腾方巾、图腾衣服、黎锦包、黎锦腰带、黎锦帽子、黎锦图腾片、黎锦挂饰、手工手链等。槟榔谷谷银苗家苗族银饰品体验与销售中心位于景区的雨林苗寨，途中会经过石祖祭祀平台、谷银打造平台、谷银刮痧体验平台，可以直观地了解银饰品的制作过程并与工艺人员交流。沿途讲解员会向游客介绍苗族的服饰特征、苗银的寓意以及苗银的功效，并且鼓励旅游者现场体验、参与谷银刮痧，加深游客对槟榔谷谷银的认识。随后，游客会进入槟榔谷谷银苗家选购和挑选各种各样的谷银制品。特色药品、保健品集中在甘什村四大南药区域内，以出售"苗药"为主；讲解员会带领旅游者观赏各种类型的蜘蛛，向旅游者介绍蜘蛛毒液的功效，让身体不适的旅游者通过喷剂感受药效，加深游客对苗药在治疗风湿、修复骨膜方面具有重大作用的印象。主要商品有蛛王灵、苗药药材。特色食品主要集中在惠民街，是由景区出资建设、免费交出原住民经营特色产品的区域，最具特色的商品为利用黎族传统方法制作的山兰米酒，旅游者可以现场品尝米酒、观看制作工艺、了解米酒文化等。

表3-3 海南槟榔谷景区旅游商品一览表

序号	旅游购物点	商品类型	商品名称	旅游商品价格（元）
1	黎锦黎族服装与饰品摆件展销中心	收藏品	黎锦	650—36888
2			黎锦挂饰	480—3600
3			黎锦图腾片	68
4		服饰	图腾方巾	88
5			木棉披肩	180

续表

序号	旅游购物点	商品类型	商品名称	旅游商品价格（元）
6			图腾衣服	120
7			黎锦包	88—488
8	黎锦黎族服装与饰品摆件展销中心	服饰	黎锦腰带	88
9			黎锦帽子	98
10			手工手链	38
11			黎锦小装饰	36
12		饰品	谷银手镯	388—6000
13			银制配饰	380—1000
14			银碗	2000—5000
15			银杯（大、小）	1980—2480
16		日用品	银壶	10000—40000
17	谷银苗家苗族银饰品体验与销售中心		银制香炉	10000
18			银制酒具	10000—20000
19			银制火锅炉	140000
20			银制佛像	10000—30000
21		摆件	银制方鼎	160000
22			银制花瓶	150000
23			银制嫁衣	550000
24	甘什村	药物	蛛王灵（盒）	380
25	四大南药区		苗药药材（包）	50
26	惠民街	保健酒	山兰米酒（瓶）	50

三、海南槟榔谷景区旅游购物情况

通过对景区调研发现，景区内的木棉披肩、谷银手镯、银碗、银杯以及蛛王灵、苗药药材和山兰酒的销售量较好。这些商品都具备实用性强、价格不贵等特点。据其中工作人员反映，景区内有很多回头客会因需要购买银器、苗药，选择第二次或是第三次来景区。反应苗药药效好的旅游者甚至会带着自己的朋友来景区内进行购物。作为非物质文化遗产的保护重点，黎锦的制作销售过程会完整地展现在旅游者面前，几乎所有的旅游者在看到黎族阿婆织锦的技艺后都称赞不已，并且对这种商品的价值给予了高度的肯定。但是，主动购买黎锦的人员却不多，据工作人员反映，只有对历史文物特别感兴趣的人才会去购买黎锦，并且购买的数量很多。由此我们也可以推断实用性和价格是影响游客购买旅游商品的重要因素，对于收藏价值较高的文化旅游产品的购买会呈现两个极端，一般游客不会购买，高层次的文化旅游者会大批量地购买，这一现象利用Ming的旅游纪念品真实性模型可以很好地做出解释。通过实地考察发现，在到达槟榔谷的每一处购物点之前都会经过与所销售的旅游商品相关的博物馆或是体验平台，讲解员则会在途中介绍相关的习俗文化、输出旅游商品的功效等知识，为旅游者心中构建出较高水平的旅游商品的真实性。在编制问卷过程中，笔者对相关旅游者进行了随机的现场访问，在谈到游览过程中旅游者自身的购买行为受哪些因素影响时，综合受访者的答案，笔者发现讲解服务让旅游者满意、旅游者在游览过程中很开心、旅游者觉得在此旅游具有特定的文化意义、旅游者认为商品有用、旅游者认为商品质量过硬、旅游者认为这里的商品和其他地方相比质量更好时往往会令消费者产生购买行为。由此，我们可以判断出旅游者的游览体验、真实性感知以及地方认同感会对他们的购物行为产生影响，这也是值得本研究进一步验证的地方。

　　尽管鉴于商业行为存在涉密性，本研究未能了解到每日槟榔谷景区旅游商品的销售额，但通过现场观察可以看出，槟榔谷景区的购物规划、导引与成交量还是值得肯定的，在景区购物市场领域具有较好的代表性。同时，槟榔谷是全国AAAAA级景区，也是全国首家民族文化景区，其可以担当起民族旅游景区的代表。因此，本研究选取海南槟榔谷黎苗文化旅游区作为研究案例，具体研究旅游者购物行为意向的影响机制。

第四章　研究设计

本章内容为研究设计，分为六个部分：第一部分是对本研究涉及的变量进行定义，以便在研究过程中准确理解与操作；第二部分为研究框架与研究假设，是在综合文献研究和变量定义的基础上，提出本研究的框架，以及本研究与需要验证的假设关系；第三部分问卷设计主要介绍用于本研究的量表的设计方法；第四部分是设计问卷的预调研情况；第五部分就本研究的物件和抽样做出具体说明；第六部分阐释本研究所使用的分析工具与方法。

第一节　研究变量的操作性定义

要理清在旅游景区内的旅游体验价值、对旅游地的地方依恋、旅游真实性感知及评估购物行为意向的影响，必须结合实地案例进行研究。本研究立足于旅游者主体，从其在景区游览的体验价值出发，分析由此发生的心理过程和情绪反应是否会形成对旅游景区的地方依恋、真实性感知和影响及影响程度，以及是否会对旅游购物行为意向产生影响及产生什么样的影响。根据前文的文献综述和研究需要，对本研究的变量进行定义。

一、体验价值

借鉴前人的定义和研究，本研究把"景区游览体验价值"定义为旅游者在景区游览全程中对环境、场所、产品、服务等方面获得的整体感觉和评价，包括服务质量、情景感知、情感认知等各方面，但本研究界定的体验价值不包括景区内的购物体验价值。从体验价值的维度上，本研究将体验价值分为功利类体验价值和情绪类体验价值两个维度。

二、地方依恋

本研究根据需要将地方依恋界定为旅游者通过对旅游景区亲身游览和文化、价值体验后形成的旅游体验价值（外部刺激）作用下，在内省过程中形成的对旅游景区的安全、自由、兴奋等愉悦性的积极情绪，并进而形成人与景区的特定情感性联系。本研究将地方依恋分为地方依赖和地方认同两个维度，研究的重点是旅游者的体验价值是否会促使其形成对旅游景区的地方依恋，以及其体验价值对其地方依恋影响程度。

三、真实性感知

在前人研究基础上，结合真实性感知在市场营销中的应用，本文认为影响旅游者购物行为意向的不只有客观的真实性，还有旅游者通过景区游览体验刺激过后对景区购物环境和客观商品所产生的主观的真实性判断。民族旅游景区的真实性感知是指能够反映原住居民历史文化、传统技艺、旅游商品等非物质文化遗产特征的所有旅游吸引物（包含自然景观、民族文化表演和人造景观）的真实感知，以及作为旅游主体的旅游者对整个民族旅游景区民族性、文化性等的体验和真实感知。本研究将借鉴已有的研究成果，将真实性感知划分为自然真实性、原创真实性、独特真实性和参照真实性四个维度开展研究。

四、购物行为意向

旅游者购物行为是指旅游者为了旅游或在旅游活动中购买各种实物商品的经济文化行为的总和。根据对旅游购物的文献综述可以看出，国外学者们对旅游购物行为的研究集中在旅游者购物动机、旅游者购物偏好及其影响因素、旅游者购物满意度与旅游购物者分类等方面；国内学者主要围绕旅游者购物心理行为与影响因素进行了研究。本研究主要集中于在游览体验价值的影响下，地方依恋、真实性感知对能否形成购物行为意向和影响程度的研究。本研究是基于体验价值、地方依恋、真实性感知这三个旅游者的内心认知、感知与内在决策对行为意向的研究，而并非对购物行为本身的研究。在借鉴国内外学者研究后，本研究拟将购物行为意向划定在旅游者的购物动机、购物意愿（对不同产品的偏好）上开展研究，对旅游者购后的满意度、忠诚度、重构行为等不开展研究。

第二节 研究框架与研究假设

一、研究框架

根据第二章文献综述中前人的研究成果及本研究对变量的具体定义，本研究的目的是在引入S-O-R理论的基础上，将S-O-R理论中的刺激对应为旅游者在景区的游览体验价值，将因刺激而形成的机体内在的反应之一的愉悦对应为旅游者的地方依恋、反应之二唤醒对应为景区真实性感知，将反应对应为旅游者的购物行为意向。以此，来研究旅游者游览体验价值与地方依恋、真实性感知间的关系及影响，以及这些变量因素与旅游者购物行为意向间是否有关系和关系是否显著。据此，本研究在S-O-R理论模型基础上，确立并提出本研究的研究框架模型（图4-1）：

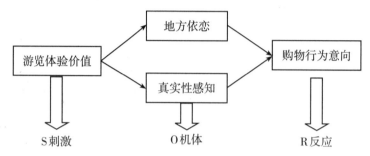

图4-1　S-O-R理论支持下的本研究框架模型

二、研究假设

根据前人研究的基础，结合本研究内容和框架模型，提出本研究的假设关系。

旅游者到旅游目的地的旅游过程，既是一次对新地方、新事物或故地重游时产生新认识、新认知的过程，也是一次基于个人主观喜好的全新体验、感知与评价过程。旅游者的每一次旅游，都会形成新的体验价值，这种价值对旅游目的地的内在感知与综合评价具有重要影响。Mazumdar（2004）研究发现，宗教场所通过宗教仪式等社会化过程，基于信仰和良好体验价值等方面，促使旅游者尤其是具有宗教信仰的旅游者比较容易形成对具有宗教色彩的旅游地的依恋和认同。周慧玲等（2009）指出，旅游者在旅游目的地的基模场所超过概念场所预期，地方依恋就可能产生。前人的研究，凸显了旅游体验价值与地方依恋具有密切的联系，旅游体验价值是旅游者产生地方依恋情结的重要因素。结合前人研究和本研究对旅游体验价值的二维划分，本研究提出如下假设：

H1：旅游者在景区游览中的功利性体验价值对地方依恋有显著正向影响

H2：旅游者在景区游览中的情绪性体验价值对地方依恋有显著正向影响

Olsen（2002）、赵红梅（2012）等人研究指出，随着旅游大众化、商品化导致的"失真"现象凸显，以及现代化推进导致的危机感、漂泊感等，促使了人们对真实性的渴望。

目前在学术研究领域，学者们认同的真实性，既有基于客观的真实，也有基于情感或认知的真实。邓永成（2011）指出，在当今的体验经济时代必须首先弄清楚商品或服务的体验与商品或服务的真实性是否存在必然的联系。Wang（1999）认为，旅游者在旅游过程中感受到的真实并不是因为旅游客体的客观真实，而是从中获得的体验才是真实。Goo（2011）指出，旅游者的旅游体验、旅游纪念品的类型决定了纪念品真实性的水平。鉴于上述的前人的研究，本研究提出如下假设：

H3：旅游者在景区游览中的功利性体验价值对其真实性感知有显著正向影响

H4：旅游者在景区游览中的情绪性体验价值对其真实性感知有显著正向影响

旅游者在旅游过程中形成的地方依恋，体现了旅游者对旅游目的地这一特定地方的某种、某些功能性依赖，或者从意识、信仰、感觉等情感性上与旅游目的地形成特定的认同情结。Hailu（2005）、黄向（2006）、范钧（2014）等人的研究都发现，地方依恋对个人特定的行为意向、行为态度具有影响。钱树伟等（2010）也以特定案例分析了地方依恋和购物行为意向间的影响关系。前人的研究表明，地方依恋不仅可以对个人的行为意向产生影响，且因范围、人群、依恋程度的不同，也会导致行为意向的不尽相同。结合本研究将购物行为意向限定在对购物动机、购物意愿（偏好）的范围内，本研究提出如下假设：

H5：旅游者地方依恋对购物动机有显著正向影响

H6：旅游者地方依恋对购物意愿有显著正向影响

前人们在研究旅游购物中发现，旅游者在旅游或旅游购物过程中，相对于传统的消费购物，在是否真实上已经超越了商品的客观真实，而更多渴望和接纳体验的真实或建构的真实。在当今，无论如何划分真实性的维度，其真实性都不可避免地与旅游者的体验挂上关系，更为重要的旅游者的真实性感知已经成为影响其购物行为意向的一个重要因素。Gilmore & Pine（2007）等学者的研究，都验证了真实性感知与行为意向之间存在着联系。借鉴前人研究成果，本研究提出如下假设：

H7：旅游者的真实性感知对购物动机有显著正向影响

H8：旅游者的真实性感知对购物意愿有显著正向影响

依据前述研究框架模型及本研究的上述关系假设，笔者构建出本研究的假设模型（见图4-2）：

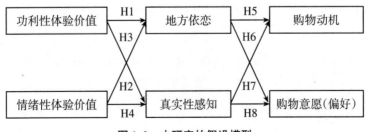

图4-2 本研究的假设模型

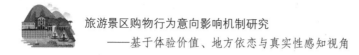

第三节　问卷设计

一、问卷设计的基本原则

根据研究框架与研究内容，确定本研究共涉及6个研究变量，分别为功利性体验价值、情绪性体验价值、地方依恋、真实性感知、购物动机、购物意愿（偏好）。根据研究规范要求，需要分别编制量表对这些变量进行测量。鉴于这些变量和相关研究关系已有学者通过编制量表进行了实证研究，并对相关维度、效度、信度进行了验证，且借鉴这些已经使用过的、相对成熟的量表对本研究具有积极意义。尽管可能关于某些变量的量表已经比较成熟，但是考虑到不同研究者往往是基于不同研究目的编制的量表，即使对于同一概念的量表也可能存在不一致。因此，在借鉴对同一变量或相近变量已有成熟量表的过程中，本研究在量表设计时确定了相关使用原则：一是优先选择与本研究所属领域内具有直接联系的、概念及维度一致或相近的、在相关文献中出现的量表；二是选择已经被验证、信度效度值较高并得到相对广泛应用的经典量表；三是对于没有直接量表的选择间接量表；四是对于上述量表借鉴、设计过程中，还将通过访谈、小组讨论等方式进一步提升设计的规范性和有效性。

二、问卷设计的文献基础

在前人研究基础上，本研究通过文献研究对涉及的体验价值、地方依恋、真实性感知和购物行为意向的维度及相关指标进行了提炼和整理，并以此作为本研究的有益借鉴。

（一）体验价值

从初期学者们提出顾客感知价值到近期体验价值概念提出，对顾客价值的研究逐渐转移到从消费者视角，以顾客感知作为研究体验价值维度构成的出发点。本文的研究将采用学者Babin的"二分法"，将体验价值划分为功利性体验价值和情绪性体验价值（Babin，1994）。Sheth（1991），Sweeney（2001），Christina（2008），Jooyeon（2010），张凤超（2009），徐伟、景奉杰（2008）等学者提出的功利性价值指标有服务质量、服务效率、产品特性、丰富实用、耐用度、可靠度、设施条件、卫生整洁安全、便利性、规划布局、食宿条件、信息质量、基本功能，以及花费合理、价格公正、经济性、省时省力、物有所值等。对于情绪性价值，Holbrook

(1999)，Sheth（2001），范秀成（2003），张成杰（2006），张凤超（2009）等学者提出将有快乐感、舒适感、趣味性、放松感、亲切感、新鲜感、吸引性、悠闲感、融入感、享受感、怀旧感、满意感，情境压力、环境优雅、氛围吸引力、态度友好、个性标志、主题体验，以及有知识获取、技术掌握、体验不同生活方式、受教育、感受文化等作为指标。

（二）地方依恋

本研究采用Willams（1992）提出的地方依赖和地方认同两个维度对旅游者的地方依恋进行测量。地方依赖主要凸显的是旅游者对景区的功能性依赖，反映旅游景区本身拥有的资源以及提供的配套设施对旅游活动的开展具有重要性；地方认同是旅游者对景区的情感性依恋，指旅游者与景区的情感联结关系，这种关系通过旅游者与景区相关的意识、信仰、感觉、价值观、目标、行为倾向等综合形成。

（三）真实性感知

本研究的真实性感知是针对海南槟榔谷黎苗文化旅游区提出的，真实性在市场营销中也已经有了广泛的应用，对于旅游景区及其产品的真实性感知，从某种程度上与市场营销的真实性具有相似之处。因此，本研究在真实性上将部分借鉴吉尔摩与派恩二世的分类与指标（见表2-7）。

（四）购物行为意向

从旅游购物的文献综述可以看出，旅游购物行为的研究集中在购物动机、购物偏好、购物满意度、购物忠实度、重购行为等购物心理与实质购物行为方面。本研究主要是了解在体验价值影响下，地方依恋、真实性感知对购物行为意向的影响。结合前人对旅游购物行为的研究，本研究在钱树伟（2010）等人对历史街区旅游者地方依恋对购物行为的影响分析基础上，将购物动机、购物意愿（购物类型的偏好）作为景区购物行为意向的重点测量指标。在购物动机上，根据石美玉（2005）等人的研究，笔者将购物动机分为实用型购物动机、享乐型购物动机和情感型购物动机三个维度。

三、问卷设计的访谈

"访谈"是由研究者事先拟定访谈提纲，通过与受访者自由式的口头交谈，从被研究者身上收集第一手资料的研究方法，这种方式可以了解受访人的心理和行为（陈向明，2004）。深度访谈是经过专门训练的采访者针对某一问题，以一对一的形式与受访者通过交互式的交谈，获得受访者对采访者提出的相关探索性问题的看法的方法，以使研究方案更加切合实际（Alvin C，2001）。

为了保证编制量表的合理性、规范性，笔者在借鉴前人量表编制本研究量表的过程中，进行了深度访谈。本次访谈主要针对海南槟榔谷景区的旅游者进行访谈，访谈的目的重点是为了更清楚地掌握旅游者对民族旅游景区的游览体验价值、游览后对景区地方依恋取向、对景区以及景区内商品的真实性感知和影响旅游者购物行为的因素等，为问卷测量指标的确定和合理性奠定基础；并初步预测游览体验价值、地方依恋、真实性感知和购物行为意向之间，以及确定体验价值与刺激、地方依恋与愉悦、真实性感知与唤醒间的对应关系。

根据上述研究目的和访谈目标，笔者在借鉴前人研究的基础上，结合本研究探讨的关于体验、依恋、感知与刺激、愉悦、唤醒等变量间的关系需要，确定了"海南槟榔谷旅游景区旅游者游览体验价值和购物行为（意向）"的访谈提纲。除个人相关信息外，访谈内容主要涉及4个问题：

（1）您在海南槟榔谷景区旅游后，有什么样的收获？

（2）您对槟榔谷景区中展示的民族风情和产品如何评价？

（3）您是否会购买槟榔谷景区内的旅游商品，是什么让您有在此景区内购物的欲望？

（4）请用一句话谈谈您游玩海南槟榔谷景区后的感受。

其中第（1）题以询问旅游者旅游收获的方式了解旅游者在景区作用下的刺激和体验价值；第（2）和（3）题以询问旅游者对景区民族风情、产品等评价，以及是否购物和购物动机的方式，了解旅游者在景区真实性感知情况、水平和在景区的唤醒状态；第（4）题从旅游者游览的感受出发，了解旅游者的愉悦情绪与依恋水平。

本研究对12名海南槟榔谷景区的旅游者进行了深度访谈，过程包括访谈前的大纲准备、访谈中的内容记录及访谈后的信息整理。为使访谈的结论具有代表性，在访谈对象上共选择了5名年轻人、5名中年人和2名老年人，其中男、女游客各6名。访谈时选择大致已经游览完景区的主要景点的旅游者，尤其是到访过三大购物点的旅游者。访谈地点选择在景区谷银苗家附近的独立休息区，环境相对安静的地方，确保了访谈过程不受干扰。访谈采用一对一形式，在访谈前都首先向每位受访者介绍了本研究的基本思路和内容；考虑到内容的原真性，访谈前未主动说明本研究的假设内容，针对访谈者提出的访问目的等问题均作了正面回答。考虑到不同旅游者在面对同一问题时可能存在的差异性，因此在访谈过程中会根据当时的对话情况适当追加旅游者相关问题，以便了解与本研究相关的直接信息，过程中以半结构式访谈法进行访问。受访者根据在海南槟榔谷景区的游览、购物经历或对购物区域的体验与了解，与笔者自由交谈了切身的体会，所有访谈均进行顺利。访谈之后，笔者根据本研究的变量对访谈记录信息进行了梳理和归纳，将访谈内容与研究理论进行对应分析。

通过访谈整理，本研究发现从整体而言：一是90%以上的受访者对海南槟榔谷景区的整体感受非常好或感受良好，良好的收获与感受主要体现在对景区环境、规划建设、服务设施、服务态度、原始建筑、文化展示、技艺传承和体验项目等因素上；二是所有受访者对海南槟榔谷景区的旅游产品及民族风情的评价比较高，认为景区很好地保存了黎族村落的原始建筑和基本风貌，景区内产品的手工制作与体验等凸显了民族的特色与技艺，认为景区民族风情和产品真实性强；三是在是否购物上，有3名旅游者已经购买，5名旅游者有购买行为意向，3名旅游者尚不确定是否购买；其中旅游景区呈现的民族特色、传统文化与技艺、个人感知的真实性以及旅游商品的质量、功效、价格等是影响旅游者购物的重要因素；也有旅游者认为，该景区的购物商业氛围显得过重；四是旅游者对海南槟榔谷景区的感受良好，认为景区呈现的良好的自然环境与原始风貌、独特的传统文化与技艺、展现的文化与教育传承以及良好的服务等，使自己在景区的感受非常好，本人及家庭成员都非常喜欢海南槟榔谷景区。在访谈中，笔者还发现，不同旅游者对景区体验的水平虽整体良好但仍存在差异，体验水平不同其对景区的认知和感知也不同，体现出来的购物意愿也有一定的差别。这些发现是否适用于民族旅游景区的旅游者的大样本或整体尚不清楚。为此笔者将这些发现的可能存在的关系以及影响因素延伸至问卷设计中，意在在问卷调查和研究分析中得到结果验证。

此外，在访谈中本研究还发现：一是有旅游者通过参观景区环境与文化展示、体验银器制作和南药功效等，感觉收获满满；也有旅游者认为通过参观黎族原始建筑群落、织锦等非物质文化展示，受到良好的文化与技艺教育等；这些实质上是海南槟榔谷景区整体坏境对于旅游者个体的良好刺激和体验价值，既是景区整体环境对旅游者机体的刺激，也是旅游者机体对景区环境的体验价值，因此本研究将体验价值确定为刺激是可行的。二是旅游者对景区民族风情和旅游产品的民族性、文化性和质量感知是强烈的，并在这种强烈的真实性的感知下进行购物或考虑购物；即使在访谈中，一些旅游者表示"买东西比较随性，来之前没有想过购买，但觉得这里的商品挺精致，能体现海南特色和文化因此决定或考虑购买"。这实质上是旅游者出于产品的真实性感知而形成的购买行为或行为意向，是旅游者在无计划下的唤醒，这进一步支持了本研究提出的将真实性感知对应为机体反应的唤醒情绪。同时，访谈中也有不少旅游者表示，"在景区感觉很愉快，值得向朋友推荐；景区整体感受良好，愿意再来；景区环境整体良好，在这里旅游很高兴，在旅游中享受了很好的购物过程"等；这些信息凸显了旅游者在景区的愉悦情绪以及依恋程度，可以说在民族旅游景区旅游者对景区的愉悦就是对景区的地方依恋。因此，通过深度访谈进一步支持了本研究提出的体验价值、地方依恋、真实性感知与S-O-R中刺激（S）和机体反应（O）的两种情绪（愉悦、唤醒）的对应关系，确保本研究各变量与研究模型的可验证。

四、问卷量表的设计

在参照文献、经典量表和深度访谈的基础上，依据本研究需要，笔者编制了《海南槟榔谷景区游览体验价值、地方依恋、真实性感知与购物行为意向关系》的调查问卷，问卷共分为六个部分，第一部分是受访者的个人信息，第二部分是旅游者景区游览体验价值量表，第三部分是旅游者对景区的地方依恋量表，第四部分是旅游者对景区的真实性感知量表，第五部分是旅游者的购物动机量表，第六部分是旅游者的购物意愿（偏好）量表。

第一部分个人信息的内容结合研究内容的需要确定量表拟调查的内容，受访者依据个人情况直接选择，在统计时按照选项数量及先后分别统计为1—11之间；第二到第六部分为测试各个变量的量表，量表设计以李克特（Likert Scale）五点尺度为主，分别以"非常不同意（非常不感兴趣）""不同意（不感兴趣）""一般""同意（感兴趣）""非常同意（非常感兴趣）"给予1、2、3、4、5个分项，并以此作为统计的依据。

（一）个人信息

考虑到旅游者的旅游行为、游览体验及其因此可能产生的购物行为意向与其性别、年龄、家庭结构、职业、学历、收入有关，因此问卷设计重点收集以上个人信息。同时，本研究是基于体验价值影响下的购物行为意向研究，并不一定要实际购物，但是否购物与本研究的相关变量具有内在联系，因此本研究将受访者在受访当天是否购物的情况也纳入其中。基于上述考虑，设计了个人信息部分的7个问题（见表4-1）：

表4-1 个人信息统计表

维度	题项	来源
	1. 您的性别：□男 □女	
	2. 您的年龄：□18—24岁 □25—34岁 □35—44岁 □45—60岁 □60岁以上	本研究 整理
	3. 您的家庭结构：□未婚 □已婚无子女 □孩子未成年 □孩子已成年	

维度	题项	来源
	4. 您的职业：□政府人员（含事业单位人员）　□企业经理　□公司职员 □专业技术人员（如教师/律师/医生/工程师/建筑师/会计师/演员） □离退休人员　□家庭主妇　□农民 □学生□军人　□自由职业者　□其他 5. 您的学历：□小学　□初中　□高中或中专　□大专 □本科　□研究生 6. 您的月收入（RMB）：□2000元以下　□2000—3999元 □4000—5999元　□6000—7999元 □8000—9999元　□10000—20000元 □20000—50000元　□50000元以上 7. 您在本景区此次的购物情况：□购物　□没有购物	

资料来源：本研究整理

（二）旅游者景区游览体验价值

本部分量表设计以 Sheth（1991）、Babin（1994）、范秀成（2003）、张凤超（2009）等学者的研究为基础，并依据笔者访谈结果分析等初步形成11个问题（见表4-2）。其中功利性体验价值5题，主要从景区规划设计、体验项目、服务设施、价格、服务态度等方面进行调查；情绪性体验价值6题，主要从新鲜感、愉悦感、舒适感、知识获取、轻松感、享受感等方面进行调查。

表4-2旅游者景区游览体验价值量表

维度	题项	参考来源
功利性 体验价值	1. 槟榔谷的景点规划设计合理（含旅游路线设计合理） 2. 槟榔谷游览过程中有很多值得参观的景点和有价值的体验 3. 槟榔谷的旅游景点服务设施完善、便利 4. 槟榔谷的景点物价合理 5. 槟榔谷的服务人员热情周到	Sheth（1991） Babin（1994） 张凤超（2009） 徐伟（2008）等
情绪性 体验价值	6. 槟榔谷的景点让我感到新鲜有特色 7. 在槟榔谷的旅游中让我感到很轻松愉快 8. 本次槟榔谷之行让我心情舒畅 9. 在槟榔谷的旅游让我学到新的知识与技能（如黎锦、苗银） 10. 槟榔谷的旅游让我忘记烦恼 11. 在槟榔谷的旅游体验对我而言是一次美好的回忆	Holbrook（1999） Crdric（2009） Mathwick（2001） 范秀成（2003） 张成杰（2006） 张凤超（2009）

资料来源：本研究整理

（三）旅游者对景区的地方依恋

本部分量表设计参考了Willams（1992），唐文跃（2007），钱树伟（2010）关于地方依恋的维度划分以及测量指标，并结合本研究需要进行了设定，共8题，地方依赖和地方认同各4题（见表4-3）。地方依赖主要从景区的代表性、不可替代性、服务性、舒适性上进行询问，而地方认同则主要从认同度、意义、感知等方面予以调查。

表4-3　旅游者对景区地方依恋量表

维度	题项	参考来源
地方依赖	1. 槟榔谷对我而言是最具海南民族特色的代表性旅游目的地 2. 我认为在槟榔谷旅游的感觉是其他地方无法取代的 3. 相对于其他地方在槟榔谷旅游更享受、更休闲 4. 相对其他地方而言槟榔谷的购物服务更好	Williams(1992) 唐文跃(2007) 钱树伟（2010）
地方认同	5. 槟榔谷令人流连忘返，我觉得我就是这里的一分子 6. 相对其他民族旅游景区而言，我对槟榔谷更认同 7. 对我而言，此次槟榔谷旅游具有特别的意义 8. 在以后的日子里，我还会经常提起槟榔谷	

资料来源：本研究整理

（四）旅游者对景区的真实性感知

真实性感知部分借鉴吉尔摩与派恩二世、赵红梅（2012）的分类与指标，并结合实际提出了自然真实性、原创真实性、独特真实性、参照真实性4个维度划分，共12个问题，每个维度3个问题（见表4-4）。

表4-4　旅游者对景区真实性感知量表

维度	题项	参考来源
自然真实性	1. 景区整体体现了海南典型的黎族或苗族风情 2. 景区内旅游商品的原材料具有当地特色 3. 景区内有国家非物质文化遗产型的旅游商品	James H.Gilmore & B.Joseph Pine (2007) 赵红梅(2012)
原创真实性	4. 景区内的旅游商品以当地少数民族居民制作为主 5. 这里的旅游商品体现了当地民族传统与现代传承的结合 6. 景区内的旅游商品是独一无二的，在其他地方很少见到	
独特真实性	7. 购物点的服务人员均身着当地民族服饰 8. 购物点的服务人员非常的热情友好 9. 购物点的服务人员积极主动地帮我介绍和试用旅游商品	

维度	题项	参考来源
参照 真实性	10. 在购物点我感受到了浓厚的黎族或是苗族风情 11. 通过观赏黎锦、苗银的制作过程我感受到了当地精湛的手工艺技艺 12. 当我离开景区后，看到我当时购买的旅游商品有一种身临其境的感觉	

资料来源：本研究整理

（五）旅游者的购物动机

本部分量表设计参考了Timothy（1995）、Geuens（2004）、石美玉（2005）等学者关于购物动机的研究，并结合访谈划分了3个维度，共9个问题，每个维度3个问题（见表4-5）。

表4-5　旅游者购物动机量表

维度	题项	参考来源
实用型 动机	1. 我更愿意考虑选购日常生活中用得到的商品 2. 我更愿意考虑选购能够送朋友的礼物 3. 我更愿意考虑选购自己可以收藏用的纪念品	
享乐型 动机	4. 槟榔谷景区的购物娱乐体验促使我愿意在此购物 5. 我很享受这里的购物过程 6. 在这里购物让我觉得很放松	Timothy(1995) Geuens(2004) 石美玉(2005) 钱树伟(2010)
情感型 动机	7. 这里的商品让我感受到民族风情和文化 8. 这里的商品可以让我重温此次旅游经历 9. 一看到在这里购买的商品就能想起槟榔谷景区	

资料来源：本研究整理

（六）旅游者的购物意愿（偏向）

本部分量表是根据本研究需要，依据景区商品类型询问旅游者对景区商品的购买意愿，意愿主要体现在对商品类型的偏好上，本部分共设计6个问题（见表4-6）。与第二到第五部分量表不同的是，本部分在以李克特（Likert Scale）五点尺度为主基础上，分别以"非常不感兴趣""不感兴趣""一般""感兴趣""非常感兴趣"作为选择项来调查购物意愿，并不是以"非常不同意""不同意""一般""同意""非常同意"为选择项。

表4-6　旅游者购物意愿量表

维度	题项	参考来源
购物意愿	1. 我对黎族/苗族特色收藏品的购买意愿 2. 我对黎族/苗族服饰的购买意愿 3. 我对黎族/苗族饰品或摆件的购买意愿 4. 我对黎族/苗族药品的购买意愿 5. 我对黎族/苗族日用品的购买意愿 6. 我对黎族/苗族保健品的购买意愿	本研究整理

资料来源：本研究整理

五、问卷测前修订

本研究问卷是在前人研究、笔者访谈和依据研究需要的基础上编制的问卷。为保证问卷的内在一致性和有效性，在问卷初始形成后，作者邀请旅游学的3名教授和5名博士毕业生、博士研究生对问卷进行了讨论，主要就问卷中是否存在不清楚、歧义或难以回答的问题，是否存在意义重复或相近的问题，是否存在与研究关系不大的问题进行讨论。根据讨论结果，修改了其中5个题目的表述，最终形成了预测问卷共53题，其中个人基本信息7题，体验价值11题，地方依恋8题，真实性感知12题，购物动机9题，购物意愿6题。

第四节　问卷预调研

一、问卷预测实施

依据上述程序，笔者编制完初步问卷，为确保问卷的各个问项及问卷整体能够测量本研究所需要的各个变量，笔者对所使用的问卷进行了预调研。预调研选定在研究区域海南槟榔谷景区内进行，主要在景区内的各个购物点附近开展。问卷采用现场发放、现场回收的方式，共发放问卷80份，回收80份，回收率100%。对于回收的问卷全部进行了统计，若某一问卷的任何一个变项存在遗漏值，或问卷具有一致性填答的情况的，此份问卷即应归类为无效问卷，并且排除于资料处理与统计分析程序之外。据此方法，最终剔除无效问卷14份，有效问卷占到82.5%（见表4-7）。

表4-7 预调研资料的描述性统计

统计内容		样本个数	所占比例（%）
性别	男	24	36.4
	女	42	63.6
年龄	18—24岁	18	27.3
	25—34岁	27	40.9
	35—44岁	10	15.2
	45—60岁	9	13.6
	60岁以上	2	3.0
家庭结构	未婚	21	31.8
	已婚无子女	9	13.6
	孩子未成年	24	36.4
	孩子已成年	12	18.2
职业	政府人员（含事业单位人员）	5	7.6
	企业经理（含私营企业主）	5	7.6
	公司职员	13	19.7
	专业技术人员（如教师/律师/医生/护士/工程师/建筑师/会计师/演员）	9	13.6
	离退休人员	5	7.6
	家庭主妇	6	9.1
	农民	2	3.0
	学生	9	13.6
	军人	0	0
	自由职业者	9	13.6
	其他	3	4.5
学历	小学	2	3.0
	初中	2	3.0
	高中或中专	10	15.2
	大专	20	30.3
	本科	29	43.9
	研究生	3	4.5
月收入	2000元以下	11	16.7
	2000—3999元	15	22.7
	4000—5999元	13	19.7
	6000—7999元	9	13.6

续表

统计内容		样本个数	所占比例(%)
月收入	8000—9999元	8	12.1
	10000—20000元	7	10.6
	20000—50000元	2	3.0
	50000元以上	1	1.5
购物情况	购物	20	30.3
	没有购物	46	69.7

资料来源：本研究整理

二、预调研问卷的质量分析

（一）信度分析

为确保设计问卷的内在一致性，本研究运用SPSS21.0对66份有效的预调研问卷的整体及各维度进行可靠性分析，得出本研究问卷的总的Cronbach's Alpha为0.946，各个维度项已删除的Cronbach's Alpha值均小于0.946，整个设计档的整体信度大于0.8，说明本研究设计的问卷整体信度较好（见表4-8）。

表4-8　本研究设计问卷各变量信度汇总表

潜变量	问项数量	Cronbach's Alpha
体验价值	11	.875
地方依恋	8	.870
真实性感知	12	.858
购买动机	9	.800
购买意愿(偏好)	6	.885
总量表	46	.946

资料来源：本研究整理

（二）效度分析

在效度分析上，本研究采用因素分析法对各变量进行分析，依据对各维度的因素分析，本设计问卷各变量中各题项的共同性估计值均大于0.20，适合于进一步做因素分析。在此基础上，对于单个变量通过旋转—最大变异法进行直交转轴，转轴时采用内定的Kaise正态化处理，共需要进行五次反复运算换算。分析结果显示，各个变量旋转后的成分矩阵a值均大于0.5以上，体验价值提取了2个成分，地方依恋提取了2个成分，真实性感知提取了4个成分，购物动机提取了3个成分，购物意愿提取了1个成分。分析结果与设计问卷的维度划分数量一致，说明设计问卷的建构效度良好。

鉴于设计问卷具有良好的信度与效度，因此设计问卷不需要再进行修改，并就此确定本研究的正式问卷，用于后续大样本的正式调查。

第五节　研究案例与抽样实施

本研究的调查对象为民族旅游景区的旅游者，主要通过有效问卷的调查与分析，了解不同背景的旅游者在民族旅游景区的体验价值情况，以及在体验价值影响下，探索旅游者地方依恋、真实性感知与购物动机、购物意愿之间的关系，并进行实证研究。

在民族旅游景区的选取上，海南槟榔谷黎苗文化旅游区是具有浓厚黎族苗族特色的AAAAA级民族旅游景区，景区的园区规模较大、民族特色明显、购物市场相对成熟、特色商品种类较多，且景区具有较大规模的、稳定的游客资源，是适合本研究有效进行的良好区域。同时，该区域为笔者所在单位的校企合作人才培养基地，近三年来笔者已经多次前往该地实地调研、开设移动讲堂和学术研究等，熟悉该景区的基本情况；该景区根据笔者调研计划，给予调研人员全免费开放，不受时间、地点限制，便于本研究的开展。从具体问卷发放的区域而言，根据景区布局，调研重点设定在黎锦黎族服装与饰品摆件展销中心、谷银苗家苗族银饰品体验与销售中心、黎族苗族特色食品、保健品及药品销售区三大区域做定点问卷调查，这三大区域为旅游者游览的必经之地。

在调查对象上，鉴于未成年人的经济能力、体验认知等有局限，以及未到过购物点的旅游者信息不全面等方面考虑，本研究的调查对象为年满18岁、到海南槟榔谷景区游览且到访过上述三大购物点任何之一的旅游者。因本研究是对购物行为意向的研究，因此对于旅游者受访当天是否购物不作为选定研究物件的必要条件。本研究在选择受访对象时采取便利抽样，抽样物件符合上述要求即可，问卷采取现场发放、填写，现场回收的方式进行。为促使研究资料具有代表性，特发放问卷450份，同时在问卷调查中适度考虑受访者的性别、年龄特征。

第六节　资料分析工具与方法

数理统计分析主要应用于问卷调查获取的原始资料，以研究变量之间的相互关系，得出相应的结论。在问卷调查基础上，本研究将采用SPSS21.0、AMOS17.0软件进行统计、分析，对研究变量之间的关系进行描述性统计分析，信度与效度分析，回归分析以及方差分析。通过这些方法对结构方程模型进行路径分析以检验假设，研究体验价值、地方依恋、真实性感知与购物行为意向间的关系。

一、描述性统计分析

描述性统计方法是为了了解本研究中受访者的人口统计变项，以及由此表达出的相关意义。本研究通过描述性统计，对于受访者的性别、年龄、家庭结构、职业、学历、收入和受访者当天是否在景区购物等信息进行统计，计算出受访者上述信息的次数、百分比、累积百分比和一些基本统计量，并形成次数分配图，为研究受访者个人背景与相关变量的关系提供依据。

二、验证性因素分析（CFA）

本研究在问卷设计的过程中引用了前人研究、使用的量表，虽然这些量表已经成熟，但这些量表是否适合本研究的母体，需要加以验证。验证性因素分析的主要功能，就是确定在量表中的潜在变量能否被量表列出的观察变量所代表，验证性因素分析即决定一组观察变量是否属于某一维度的统计分析技术（张伟豪，2011）。验证性因素分析（CFA）是结构方程模型的一种次模型（Joskog，1993），分为一阶验证性因素分析和二阶验证性因素分析；这种方法既可以独立使用，也是结构方程模型分析的前置步骤。验证性因素分析（CFA）主要包括模型设定、模型识别和模型评价等方面；模型识别中每个因子至少有3个指标，每个指标只测量1个因子，误差不相关（侯杰泰，2005）。本研究将运用验证性因素分析，对正式研究样本的资料进行一阶验证性因素分析和二阶验证性因素分析，以此在确定每个变量、维度的效度没有问题基础上，再进行结构方程模型分析。

三、信度与效度分析

调查问卷的科学性和有效性是抽样调查分析的基础，一般采用信度分析和效度分析来评价调查问卷是否具有稳定性和可靠性。

（一）信度分析

信度（Reliability）即可靠性，是指采用同样的方法对同一对象重复测量时所得结果的一致性程度，信度测量指标包括稳定性、等值性和内部一致。内部一致性信度在问卷法观测资料中常用，可采用Cronbach's系数和组合信度（验证性因子分析）

两种方法进行检验（卢纹岱，2006）。目前最常用的是Alpha信度系数法，且一般主要考虑量表的内在信度。内在信度重在考察同一组问题是否测量同一概念，问题之间是否具有较高的内在一致性。本研究采用Cronbach's α值和分项对总项的相关系数作为信度分析的指标。对于Cronbach's α值标准，本研究将采用总量表的信度系数最好在0.8以上，0.7—0.8之间可以接受；分量表的信度系数最好在0.7以上，0.6—0.7还可以接受；Cronbach's Alpha系数如果在0.6以下考虑重新编问卷。

（二）效度分析

效度分析方法包括表面效度、内容效度及建构效度等方面，用以测量结果接近所要测量的变量内涵的程度。表面效度是判断问卷表面上是否反映出测量的概念，内容效度反映问题是否覆盖了概念的所有方面，通常采用专家咨询法；建构效度涵盖收敛效度和区分效度，指量表测量到理论上结构的程度（Anastasi，1990），收敛效度是指不同指标是否可用以测量同一潜变量（陈晓萍等，2010），要确保一个维度的变量之间至少有中度相关；区分效度是指不同潜变量是否存在显著差异，在不同维度的题目应该不具有高度的相关性。本研究通过对样本资料进行验证性因子分析，确定指标和变量之间的结构关系，通过组合信度（CR）、平均变异数抽取量（AVE），以及标准化因子载荷来分析收敛效度（SE），通过平均变异数抽取量的平方根与潜变量之间相关性的大小关系、潜变量之间的相关系数大小关系来共同分析区分效度。本研究采取组合信度（CR）大于0.7、平均变异数抽取量（AVE）大于0.5、标准化因子载荷来分析收敛效度（SE）大于0.5的标准来衡量收敛效度标准（吴明隆，2010），采取通过平均变异数抽取量的平方根大于其与其他潜变量之间相关系数，且所有潜变量之间的系数小于0.85作为区分效度的标准。

四、结构方程模型（SEM）

结构方程模型法（SEM）整合了因子分析与路径分析统计方法，同时还能够检验模型中包含的显性变量、潜在变量、干扰或误差变量间的关系，进而获得自变量对因变量的直接效果、间接效果或总效果（吴明隆，2008）。结构方程模型（SEM）可以确认及检测复杂的路径模型，同时进行多个变量的关系探讨、预测变量间因果模型的路径分析。基于上述特点和功能，本研究采用结构方程模型（SEM）进行实证分析，通过其实现路径系数分析、回归分析和协方差结构分析等。

第七节　本章小结

本章在第二章文献综述和相关理论分析的基础上，提出了景区游览体验价值、地方依恋、真实性感知及行为意向之间的关系的假设：景区游览功利性体验价值、情绪性体验价值对游客的地方依恋、真实性感知有显著的正向影响；地方依恋、真实性感知对旅游者购物动机、购物意愿有显著的正向影响，并在假设关系分析的基础上构建了假设模型。通过文献分析、深度访谈和预调研确定了本研究问卷、对各变量间的关系进行了初探，并对本研究的分析工具与标准予以确定，在下一章笔者将对此假设模型进行实证研究与验证。

第五章　实证研究与讨论

本章主要对受访者的有效样本资料进行统计分析，通过统计分析了解旅游者体验价值、地方依恋、真实性感知与购物行为意向之间的关系。本章共分为五个部分：第一部分是调查样本的描述性统计分析；第二部分是样本资料的信度分析；第三部分是样本资料的效度分析；第四部分是样本资料的结构方程模型分析；第五部分为综合讨论。

第一节　描述性统计

一、问卷实施

按照本研究确定的研究区域、研究物件及抽样实施方案，笔者在海南槟榔谷黎苗文化景区到访过黎锦黎族服装与饰品摆件展销中心、谷银苗家苗族银饰品体验与销售中心、黎族苗族特色食品、保健品及药品销售区这三大主要购物区域的、年满18周岁的旅游者采取现场发放问卷、现场填写回收的方式进行了问卷调查。在问卷调查前，首先向受访者表明调查的背景、填写的规则，以确保问卷填写的规范性，提升问卷填写的有效性；其次在受访地点上选取临近购物点出口的休息区，并为受访者提供饮用水，以确保受访者能够安心填写；在回收问卷时，在受访者不着急离开现场的前提下，现场对问卷是否全部作答进行了初步检查，对于发现的漏项现场请受访者补全。本次调查共准备、发放全部问卷450份，回收443份，回收率98.4%；经对问卷二次认真统计，有漏项或第二至第六部分全部为一致性选项的问卷被认定为无效问卷，对此类问卷予以剔除后，认为有效问卷415份，问卷有效率92.2%。

为便于在后续的分析中统计，本研究将研究变量和问卷题项进行了标签（见表5-1）：

表5-1　本研究变量统计对应表

潜变量名称	潜变量编号	潜变量题项数
功利性体验价值	FV	5
情绪性体验价值	EV	6
地方依赖	LD	4
地方认同	LI	4
自然真实性	NAP	3
原创真实性	OAP	3
独特真实性	UAP	3
参照真实性	RAP	3
实用型购物动机	PMU	3
享乐型购物动机	PMP	3
情感型购物动机	PME	3
购物意愿	PI	6

资料来源：本研究整理

二、样本特征分析

在确定415份有效样本基础上，根据研究需要，使用SPSS21.0对样本资料进行了描述性分析（见表5-2）。为使本研究具有较好的代表性，在抽样调查过程中本研究注重性别、年龄的比例与代表性。因此，在415份有效样本中，性别方面男、女比例相当，分别为男性208人占受访人数的50.1%、女性207人占受访人数的49.9%，这与笔者确定的抽样原则一致；在受访者年龄方面，笔者划分的18周岁以上的5个范围年龄段的受访者均被采访到，其中25—34岁年龄段的最多，占受访人数的45.5%，60岁以上的最低，占受访人数的2.9%；在与年龄相关联的家庭结构方面，未婚者受访比例最大，占到受访人数的37.1%；在职业方面，公司职员人数最多，占到受访者人数的21.7%，在受访人群的职业中，现役军人没有被调查到，调查到的均为退伍军人，占比为1%；在学历方面，本科学历的受访人数占到37.1%、大专学历占到31.3%，分别位列各学历受访者的前两位，并占据了一半以上的受访者；在收入方面，月薪2000—3999元的受访比例最高，占到受访人数的26.7%，其次是月薪4000—5999元，占到受访人数的22.7%；在受访当天购物情况方面，已经购物的占受访人数的32.5%，接近受访者的三分之一。

表5-2　本研究样本资料的描述性统计

问项统计内容		样本个数	所占比例(%)
性别	男	208	50.1
	女	207	49.9
年龄	18—24岁	110	26.5
	25—34岁	189	45.5
	35—44岁	69	16.6
	45—60岁	35	8.4
	60岁以上	12	2.9
家庭结构	未婚	154	37.1
	已婚无子女	90	21.7
	孩子未成年	118	28.4
	孩子已成年	53	12.8
职业	政府人员（含事业人员）	32	7.7
	企业经理（含私营企业主）	59	14.2
	公司职员	90	21.7
	专业技术人员（如教师/律师/医生/护士/工程师/建筑师/会计师/演员）	65	15.7
	离退休人员	9	2.2
	家庭主妇	6	1.4
	农民	4	1.0
	学生	32	7.7
	军人	4	1.0
	自由职业者	71	17.1
	其他	43	10.4
学历	小学	17	4.1
	初中	29	7.0
	高中或中专	70	16.9
	大专	130	31.3
	本科	154	37.1
	研究生	15	3.6
月收入	2000元以下	44	10.6
	2000—3999元	111	26.7
	4000—5999元	94	22.7
	6000—7999元	56	13.5

续表

问项统计内容		样本个数	所占比例(%)
月收入	8000—9999元	36	8.7
	10000—20000元	48	11.6
	20000—50000元	19	4.6
	50000元以上	7	1.7
购物情况	购物	135	32.5
	没有购物	280	67.5

资料来源：本研究整理

通过上述统计可以看出，本次受访者主要集中于年龄在中青年阶段的未婚者和已婚孩子未成年者，学历集中在本科及大专阶段，收入在2000—5999之间的企业经理、专业技术人员和公司职员居多。这与我国体验经济下以中青年为主的自由行旅行方式逐步盛行，大众创业下企业经理及公司职员增多、带薪年假制度为专业技术人员出游提供制度保障等因素相关联，与我国目前旅游人群构成的实际比较一致。

三、问卷整体分析

除个人信息部分外，根据因子分析的结果（见表5-3），从调查问卷包含的46个问项中提取出12个潜变量，其中功利性体验价值、情绪性体验价值属于体验价值层面的潜变量，地方依赖、地方认同属于地方依恋的潜变量，自然真实性、原创真实性、独特真实性、参照真实性属于真实性感知层面的潜变量，购物动机、购物意愿属于购物行为意向层面的潜变量。从12个潜变量的得分来看，自然真实性的得分最高为4.2217，其次是独特真实性4.2209、参照真实性4.1675，原创真实性得分也在4.0988，这整体说明旅游者对海南槟榔谷景区内的真实性感知整体良好，认同景区整体体现了海南典型的黎族或苗族风情，也一定程度上反映了旅游者对民族旅游景区真实性的重视；在体验价值方面，情绪性体验价值得分4.1422，功利性体验价值为3.9271，说明旅游者对景区的感知体验优于各种服务体验，景区良好的环境、服务等促使旅游者在此获得新鲜感、轻松感、愉悦感；分析结果显示，旅游者的地方认同为3.9398，略高于地方依赖，说明旅游者虽然只有简短的一次旅行，但对海南槟榔谷景区历史文化、民族特征等情感认同度超出了一般性的功能性依赖；在动机方面，情感型购物动机最高为3.8940，享乐型购物动机最低3.5542，实用型购物动机居中，为3.8683，这说明旅游者在海南槟榔谷游览中由于文化情感、旅游纪念与回忆等因素催生出的个人购物行为意向最多，但享乐型动机最低一定程度也反映了景区的旅游体验、购物体验及服务等还有待提高。

表5-3　本研究问项描述性统计量

潜变量编号	潜变量	均值
FV	功利性体验价值	3.9271
EV	情绪性体验价值	4.1422
LD	地方依赖	3.8711
LI	地方认同	3.9398
NAP	自然真实性	4.2217
OAP	原创真实性	4.0988
UAP	独特真实性	4.2209
RAP	参照真实性	4.1675
PMU	实用型购物动机	3.8683
PMP	享乐型购物动机	3.5542
PME	情感型购物动机	3.8940
PI	购物意愿	3.5614

注：样本总量为415，均值为潜变量按维度划分后的平均得分。

第二节　样本资料的信度分析

本研究利用SPSS21.0对415份有效样本涉及的变量进行了信度分析，信度分析采用Cronbach's Alpha值衡量，衡量标准以第四章已经确定的标准为依据，即Cronbach's α在0.7以上可以接受。

一、体验价值的信度分析

（一）功利性体验价值的信度分析

本研究功利性体验价值（FV）共5题，通过对其进行可靠性分析，得出功利性体验价值总的Cronbach's Alpha值为0.816，但发现功利性体验价值中第5题的项已删除的 Cronbach's Alpha 值为0.820，大于总的Cronbach's Alpha 值（见表5-4）。

表5-4　功利性体验价值的可靠性统计量

功利性体验价值题项	项已删除的Cronbach's Alpha 值
FV1槟榔谷的景点规划设计合理	.771
FV2槟榔谷游览过程中有很多值得参观的景点和有价值的体验	.757
FV3槟榔谷的旅游景点服务设施完善便利	.762

续表

功利性体验价值题项	项已删除的Cronbach's Alpha值
FV4槟榔谷的景点物价合理	.790
FV5槟榔谷的服务人员热情周到	.820

因此笔者删除功利性体验价值第5道题目"槟榔谷的服务人员热情周到"后再次分析功利性体验价值的信度系数。删除后，功利性体验价值的Cronbach's Alpha值从0.816上升到0.820（见表5-5），已删除的Cronbach's Alpha值均小于0.820（见表5-6），删除后功利性体验价值的信度效果更好。

表5-5　删除题项后功利性体验价值的可靠性统计量

Cronbach's Alpha	基于标准化项的Cronbach's Alpha	项数
.820	.830	4

表5-6　删除题项后功利性体验价值项总计统计量

功利性体验价值题项	项已删除的Cronbach's Alpha值
FV1槟榔谷的景点规划设计合理	.777
FV2槟榔谷游览过程中有很多值得参观的景点和有价值体验	.751
FV3槟榔谷的旅游景点服务设施完善便利	.759
FV4槟榔谷的景点物价合理	.810

（二）情绪性体验价值的信度分析

本研究情绪性体验价值（EV）共6题，通过分析其可靠性，得出情绪性体验价值总的Cronbach's Alpha值为0.893，但情绪性体验价值第4题的项已删除的Cronbach's Alpha值为0.894，大于总的Cronbach's Alpha值（见表5-7）。

表5-7　情绪性体验价值的可靠性统计量

情绪性体验价值题项	项已删除的Cronbach's Alpha值
EV1槟榔谷的景点让我感到新鲜有特色	.875
EV2在槟榔谷的旅游中让我感到很轻松愉快	.868
EV3本次槟榔谷之行让我心情舒畅	.873
EV4在槟榔谷的旅游让我学到新的知识与技能(如黎锦与苗银等)	.894
EV5槟榔谷的旅游让我忘记烦恼	.871
EV6在槟榔谷的旅游体验对我而言是一次美好回忆	.867

笔者删除情绪性体验价值第4道题目"在槟榔谷的旅游让我学到新的知识与技能（如黎锦、苗银等）"后再次分析情绪性体验价值的信度系数。删除后，情绪性体验

价值的Cronbach's Alpha值从0.893上升到0.894（见表5-8），已删除的Cronbach's Alpha值均小于0.894（见表5-9），删除后情绪性体验价值的信度效果更好。

表5-8　删除题项后情绪性体验价值的可靠性统计量

Cronbach's Alpha	项数
.894	5

表5-9　删除题项后情绪性价值项总计统计量

情绪性体验价值	项已删除的Cronbach's Alpha值
EV1槟榔谷的景点让我感到新鲜有特色	.878
EV2在槟榔谷的旅游中让我感到很轻松愉快	.862
EV3本次槟榔谷之行让我心情舒畅	.868
EV5槟榔谷的旅游让我忘记烦恼	.877
EV6在槟榔谷的旅游体验对我而言是一次美好的回忆	.868

（三）体验价值的总信度分析

在删除了功利性价值的第5题、情绪性价值的第4题后，对整个体验价值的信度进行分析，分析结果是体验价值总的Cronbach's Alpha值为0.904（见表5-10），已删除的Cronbach's Alpha值均小于0.904，删除后体验价值的整体信度大于0.8（见表5-11），信度效果较好。

表5-10　体验价值的可靠性统计量

Cronbach's Alpha	项数
.904	9

表5-11　体验价值项总计统计量

删除后体验价值的题项	项已删除的Cronbach's Alpha值
FV1槟榔谷的景点规划设计合理	.895
FV2槟榔谷游览过程中有很多值得参观的景点和有价值的体验	.892
FV3槟榔谷的旅游景点服务设施完善便利	.896
FV4槟榔谷的景点物价合理	.903
EV1槟榔谷的景点让我感到新鲜有特色	.893
EV2在槟榔谷的旅游中让我感到很轻松愉快	.889
EV3本次槟榔谷之行让我心情舒畅	.893
EV5槟榔谷的旅游让我忘记烦恼	.891
EV6在槟榔谷的旅游体验对我而言是一次美好的回忆	.890

二、地方依恋的信度分析

本研究地方依恋共8题，通过对其进行可靠性分析，得出地方依恋总的Cronbach's Alpha值为0.905（见表5-12），项已删除的Cronbach's Alpha值均小于0.905（见表5-13），说明地方依恋的信度较好。

表5-12　地方依恋的可靠性统计量

Cronbach's Alpha	项数
.905	8

表5-13　地方依恋项总计统计量

地方依恋的题项	项已删除的Cronbach's Alpha值
LD1槟榔谷对我而言是最具有海南民族特色的代表性旅游目的地	.902
LD2我认为在槟榔谷旅游的感觉是其他地方无法取代的	.892
LD3相对于其他地方在槟榔谷旅游更享受更休闲	.891
LD4相对其他地方而言槟榔谷的购物服务更好	.899
LI1槟榔谷令人流连忘返，我觉得我就是这里一分子	.887
LI2相对其他民族旅游景区而言我对槟榔谷更认同	.887
LI3对我而言此次槟榔谷旅游具有特别的意义	.889
LI4在以后的日子里我还会经常提起来槟榔谷	.893

三、真实性感知的信度分析

本研究中真实性感知共12题，通过对其进行可靠性分析，得出真实性感知总的Cronbach's Alpha值为0.910（见表5-14），项已删除的Cronbach's Alpha值均小于0.910（表5-15），说明真实性感知的信度较好。

表5-14　真实性感知的可靠性统计量

Cronbach's Alpha	项数
.910	12

表5-15　真实性感知项总计统计量

真实性感知的题项	项已删除的Cronbach's Alpha值
NAP1景区整体体现了海南典型的黎族或苗族风情	.904
NAP2景区内旅游商品的原材料具有当地特色	.900
NAP3景区内有国家非物质文化遗产型的旅游商品	.902
OAP1景区内旅游商品以当地少数民族居民制作为主	.901
OAP2这里的旅游商品体现了当地民族传统与现代传承的结合	.901

真实性感知的题项	项已删除的Cronbach's Alpha值
OAP3景区内旅游商品是独一无二的，在其他地方很少见到	.903
UAP1购物点的服务人员均身着当地民族服饰	.905
UAP2购物点的服务人员非常的热情友好	.904
UAP3购物点的服务人员积极主动帮我介绍和试用旅游商品	.903
RAP1在购物点我感受到了浓厚的黎族或是苗族风情	.902
RAP2通过观赏黎锦或苗银制作我感受到当地精湛手工艺技艺	.902
RAP3离开景区再看到我当时购买的商品有一种身临其境的感觉	.907

四、购物动机的信度分析

本研究中购物动机共9题，通过对其进行可靠性分析，得出购物动机总的Cronbach's Alpha值为0.908（见表5-16），项已删除的Cronbach's Alpha值均小于0.908（见表5-17），说明购物动机的信度较好。

表5-16　购物动机的可靠性统计量

Cronbach's Alpha值	项数
.908	9

表5-17　购物动机项总计统计量

购物动机题项	项已删除的Cronbach's Alpha值
PM1我更愿意考虑选购日常生活中用得到的商品	.908
PM2我更愿意考虑选购能够送朋友的礼物	.904
PM3我更愿意考虑选购自己可以收藏用的纪念品	.902
PM4槟榔谷景区的购物娱乐体验促使我愿在此购物	.891
PM5我很享受这里的购物过程	.890
PM6在这里购物让我觉得很放松	.892
PM7这里的商品让我感受到民族风情和文化	.895
PM8这里的商品可以让我重温此次旅游经历	.895
PM9一看到在这里购买的商品就能想起槟榔谷景区	.898

五、购物意愿（偏好）的信度分析

本研究中购物意愿（偏好）共6题，通过对其进行可靠性分析，得出购物意愿（偏好）总的Cronbach's Alpha值为0.914（表5-18），项已删除的Cronbach's Alpha值均小于0.914（见表5-19），说明购物意愿（偏好）的信度较好。

表5-18　购物意愿（偏好）的可靠性统计量

Cronbach's Alpha值	项数
.914	6

表5-19　购物意愿（偏好）项总计统计量

购物意愿（偏好）题项	项已删除的Cronbach's Alpha值
PI1 我对黎族或苗族的特色收藏品的购买意愿	.906
PI2 我对黎族或苗族的服饰的购买意愿	.898
PI3 我对黎族或苗族的饰品或摆件的购买意愿	.893
PI4 我对黎族或苗族药品的购买意愿	.895
PI5 我对黎族或苗族的日用品的购买意愿	.893
PI6 我对黎族或苗族的保健品的购买意愿	.906

六、本研究问卷整体的信度分析

在对各变量信度分析的基础上，删除功利性价值的第5题、情绪性价值的第4题后，除个人信息部分外，剩余共44题。用SPSS21.0对其进行可靠性分析，得出本研究问卷的总的Cronbach's Alpha值为0.963（见表5-20），项已删除的Cronbach's Alpha值均小于0.963（见表5-21），说明本研究问卷的整体信度系数较好。

表5-20　本研究问卷的整体可靠性统计量

Cronbach's Alpha值	项数
.963	44

表5-21　本研究问卷各变量信度汇总表

潜变量	问项数量	Cronbach's Alpha值
功利性价值	4	.820
情绪性价值	5	.894
地方依恋	8	.905
真实性感知	12	.910
购买动机	9	.908
购买意愿(偏好)	6	.914
总量表	44	.963

第三节 样本资料的效度分析

在运用结构方程模型作为理论模型的验证时，模型的配适度越好则代表模型与样本越接近。在配适度的检验中，主要用绝对配适度、相对配适度和精简配适度三个指标来衡量，这三个指标又分为若干个指标。鉴于本研究是在借鉴前人研究和使用成熟量表的基础上形成正式调查问卷，因此本研究采用Amos17.0对415份有效样本资料进行验证性因素分析，通过验证性分析来检验配适度，并以此确定样本资料的效度。在配适度检验的过程中，配适度衡量引用前人确定的标准（见表5-22）：

表5-22 本研究配适度衡量指标汇总表

指标名称	衡量标准	结论
卡方检定（X2）	P＞0.05	配适度良好
卡方/自由度比（X2/df）	小于3	配适度可以接受
平均近似误差均方根（RMSEA）	小于0.08	配适度良好
配适度指标（GFI）	大于0.90	配适度良好
调整配适度指标（AGFI）	大于0.80	配适度良好
比较配适度指标（CFI）	大于0.90	配适度良好
非标准配适指标（NNFI）	大于0.90	配适度良好
渐增式配适指标（IFI）	大于0.90	配适度良好

如果分析出的X2/df小于3，GFI、CFI、NNFI、IFI的值在大于0.9的基础上越接近1、AGFI的值在大于0.8的基础上越接近1、RMSEA值在小于0.08基础上越接近0，则说明模型拟合度越好。

一、样本变量的验证性因素分析

（一）体验价值的验证性因素分析

经过验证性因素分析，体验价值的验证性因素模型结果如表5-23：

表5-23 体验价值验证性因素分析表

样本	X^2	X^2/df	RMSEA	GFI	AGFI	CFI	NNFI	IFI
	118.000	4.538	0.092	0.939	0.894	0.956	0.939	0.956

资料来源：本研究整理

分析结果显示，体验价值的卡方自由比（X2/df）为4.538，大于3的标准；且平均近似误差均方根残差值（RMSEA）为0.092，大于0.08的标准。通过对MI（Modification Indices）的分析，发现情绪性体验价值的问项2（EV2）"在槟榔谷的旅游中让我感到很轻松愉快"的残差值与其他问项残差值相关度很高，故删除该题项后重新进行验证，删除之后各项配适度指标达到标准（见图5-1）。

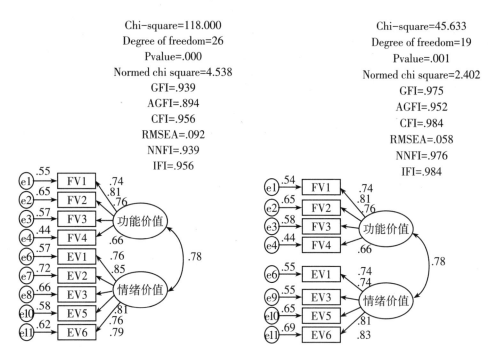

图5-1 体验价值删除题项前后的验证性因素分析对比图

（二）地方依恋的验证性因素分析

经过验证性因素分析，地方依恋的验证性因素模型结果如表5-24：

表5-24 地方依恋验证性因素分析表

样本	X^2	X^2/df	RMSEA	GFI	AGFI	CFI	NNFI	IFI
	116.811	6.148	0.112	0.934	0.875	0.946	0.920	0.946

资料来源：本研究整理

分析结果显示，地方依恋的卡方自由比（X2/df）为6.148，大于3的标准；且平均近似误差均方根残差值（RMSEA）为0.112，大于0.08的标准。通过对MI（Modification Indices）的分析，发现地方依恋中地方依赖的问项1（LD1）"槟榔谷对我而言是最具有海南民族特色的代表性旅游目的地"、问项4（LD4）"相对其他地方而言槟椰谷的购物服务更好"，以及地方认同的问项1（LI1）"槟榔谷令人流连忘返，我觉得我就是这里的一分子"这三项的残差值与其他问项残差值相关度很高，故删除这三个题项后重新进行验证，删除后各项配适度指标达到标准（见图5-2）。

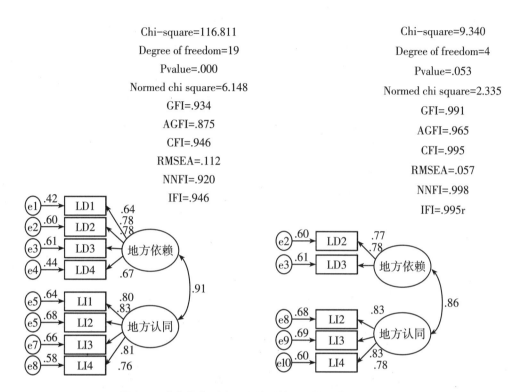

图5-2 地方依恋删除题项前后的验证性因素分析对比图

（三）真实性感知的验证性因素分析

经过验证性因素分析，真实性感知的验证性因素模型结果如表5-25：

表5-25真实性感知验证性因素分析表

样本	X²	X²/df	RMSEA	GFI	AGFI	CFI	NNFI	IFI
	153.294	3.194	0.073	0.934	0.907	0.958	0.942	0.958

资料来源：本研究整理

分析结果显示，真实性感知的卡方自由比（X2/df）为3.194，大于3的标准。通过对MI（Modification Indices）的分析，发现真实性感知中参照真实性的问项3（RAP3）"离开景区再看到我当时购买的商品有一种身临其境的感觉"项的残差值与其他问项残差值相关度很高，故删除该题项后重新进行验证，删除后各项配适度指标达到标准（见图5-3）。

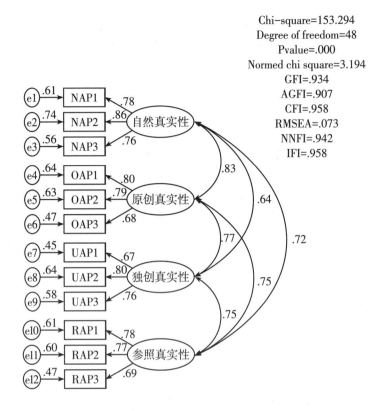

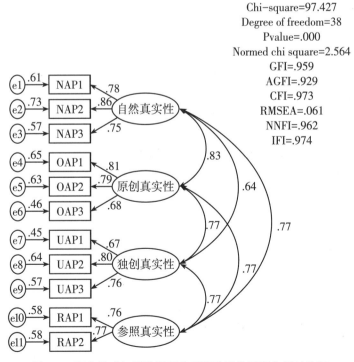

图5-3　真实性感知删除题项前后的验证性因素分析对比图

鉴于本研究中真实性感知包括了自然真实性、原创真实性、独特真实性和参照真实性4个维度，因此笔者对真实性感知进行了二阶验证性因素分析。二阶验证性因素分析结果显示，真实性感知的各项配适度均达到标准，且每个维度的因子载荷均高于0.7，因此可以用真实性感知这一二阶变量代替原有的4个维度，进行下一步结构方程模型研究（见表5-26、图5-4）。

表5-26 真实性感知二阶验证性因素分析表

样本	X²	X²/df	RMSEA	GFI	AGFI	CFI	NNFI	IFI
	115.250	2.881	0.067	0.951	0.919	0.966	0.954	0.967

资料来源：本研究整理

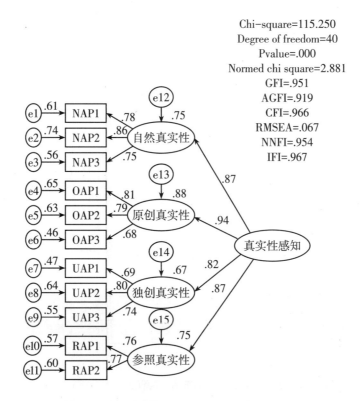

图5-4 真实性感知二阶验证性因素分析结果图

（四）购物动机的验证性因素分析

经过验证性因素分析，购物动机的验证性因素模型结果如表5-27：

表5-27　购物动机验证性因素分析表

样本	X²	X²/df	RMSEA	GFI	AGFI	CFI	NNFI	IFI
	95.968	3.999	0.085	0.952	0.910	0.967	0.951	0.967

资料来源：本研究整理

分析结果显示，购物动机的卡方自由比（X2/df）为3.999，大于3的标准；且平均近似误差均方根残差值（RMSEA）为0.085，大于0.08的标准。通过对MI（Modification Indices）分析，发现购物动机的问项6（PM6）"在这里购物让我觉得很放松"的残差值与其他问项残差值相关度很高，故删除该题项后重新进行验证，删除之后各项配适度指标达到标准（见图5-5）。

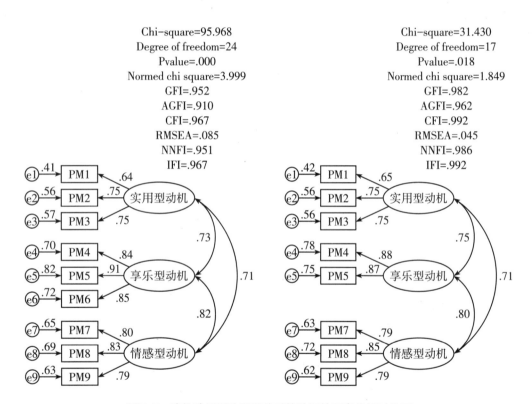

图5-5　购物动机删除题项前后的验证性因素分析对比图

鉴于本研究中购物动机包括了实用型购物动机、享乐型购物动机、情感型购物动机3个维度，因此对购物动机进行了二阶验证性因素分析。二阶验证性因素分析结果显示，购物动机的配适度达到标准，且每个维度的因子载荷均高于0.7，因此可以用真实性感知这一二阶变量代替原有的3个维度，进行下一步结构方程模型研究（见图5-6）。

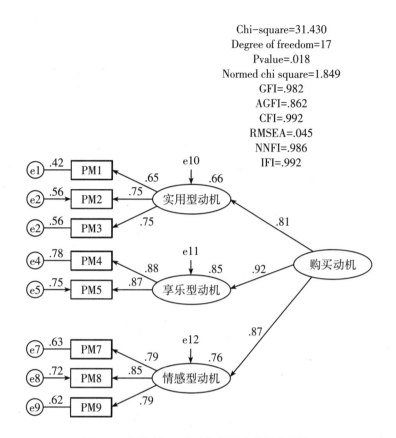

Chi-square=31.430
Degree of freedom=17
Pvalue=.018
Normed chi square=1.849
GFI=.982
AGFI=.862
CFI=.992
RMSEA=.045
NNFI=.986
IFI=.992

图5-6 购物动机二阶验证性因素分析结果图

（五）购物意愿（偏好）的验证性因素分析

经过验证性因素分析，购物意愿的验证性因素模型结果如表5-28：

表5-28 购物意愿验证性因素分析表

样本	X^2	X^2/df	RMSEA	GFI	AGFI	CFI	NNFI	IFI
	114.551	12.728	0.168	0.897	0.759	0.937	0.895	0.937

资料来源：本研究整理

分析结果显示，购物意愿（偏好）的卡方自由比（X2/df）为12.728，大于3的标准；平均近似误差均方根残差值（RMSEA）为0.168，大于0.08的标准；配适度指标（GFI）为0.897、非标准配适指标（NNFI）为0.895，小于0.9的标准；调整配适度指标（AGFI）为0.759，小于0.8的标准。通过对MI（Modification Indices）的分析，发现购物意愿（偏好）的问项5（PI5）"我对黎族或苗族的日用品的购买意愿"、问项6（PI6）"我对黎族或苗族的保健品的购买意愿"的残差值与其他问项残差值相关度很高，故删除该题项后重新进行验证，删除之后各项配适度指标达到标准（见图5-7）。

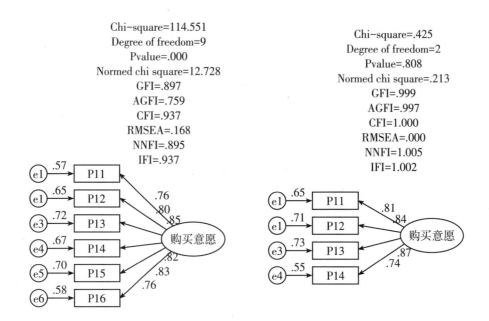

图5-7　购物意愿删除题项前后的验证性因素分析对比图

二、整体变量的验证性因素分析

在进行各变量单个验证性分析和删除验证过程中的相关题项后，对本研究主要的潜变量进行一阶验证性因素分析，形成的结果如表5-29：

表5-29　删除后剩余变量一阶验证性因素分析表

样本	X^2	X^2/df	RMSEA	GFI	AGFI	CFI	NNFI	IFI
	1027.302	1.946	0.048	0.880	0.849	0.945	0.934	0.945

资料来源：本研究整理

分析结果显示，卡方自由比（X2/df）、平均近似误差均方根残差值（RMSEA）、调整配适度指标（AGFI）、比较配适标准（CFI）、非标准配适指标（NNFI）、渐增式配适标准（IFI）均达到标准，但配适度指标（GFI）为0.880，没有达到0.9以上。一般认为，配适度指标（GFI）的理想值为0.9以上（Joreskog & Sorbom，1984）表示有良好的适配度，但一旦模型估计的参数过多，要达到0.9的数值就会有困难，Doll（1994）等人建议可酌情放宽到0.8。因此，本研究的模型配适度指数基本达到相关标准，数据与模型的拟合程度较好（图5-8）。

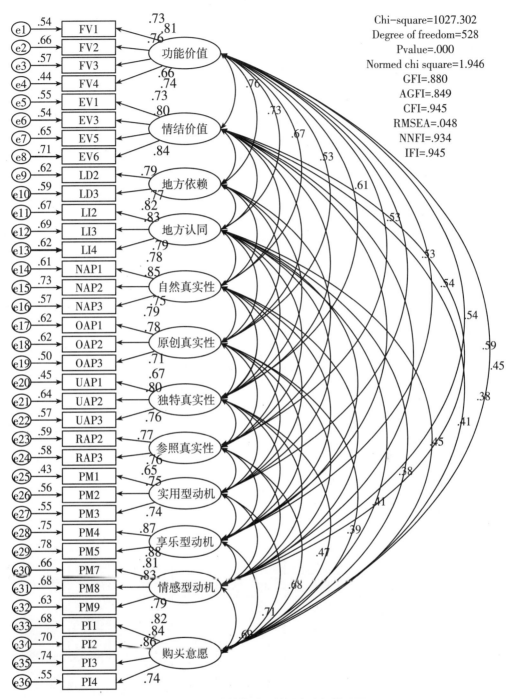

图5-8　本研究整体验证性因素分析结果图

三、样本的收敛效度和区分效度分析

本研究在验证性因素分析的基础上，运用Amos17.0对各个变量进行了收敛效度和区分效度分析。

（一）收敛效度分析

收敛效度（内部一致性效度）是利用同一维度中变量之间相关程度的大小予以评估，主要是确保一个构维度的变量之间至少有中度的相关。收敛效度通过测量条目的标准化因子载荷（Standardized Estimate，SE）、组合信度（Composite Reliability，CR）及平均变异抽取量（Average Variance Extracted，AVE）进行检验。一般而言，标准化因子载荷（SE）至少要大于0.5；组合信度（CR）在0.6—0.7之间可以接受，达到0.7以上代表组合信度良好；平均变异抽取量（AVE）至少要在0.5以上。根据研究需要，本研究对收敛效度进行分析（见表5-30）：

表5-30 收敛效度校验表

题项编号	潜变量名称	Standardized Estimate	S.E.	C.R.	P	Composite Reliability	Average Variance Extracted
FV1	功利性价值	.734					
FV2	功利性价值	.812	.073	15.506	***	.831	.552
FV3	功利性价值	.756	.070	14.515	***		
FV4	功利性价值	.662	.095	12.716	***		
EV1	情绪性价值	.742					
EV3	情绪性价值	.735	.061	14.686	***	.863	.612
EV5	情绪性价值	.805	.072	16.157	***		
EV6	情绪性价值	.842	.067	16.919	***		
LD2	地方依赖	.788				.755	.607
LD3	地方依赖	.770	.060	15.485	***		
LI2	地方认同	.817					
LI3	地方认同	.831	.051	18.900	***	.853	.660
LI4	地方认同	.788	.057	17.669	***		
NAP1	自然真实性	.784					
NAP2	自然真实性	.853	.055	17.812	***	.840	.636
NAP3	自然真实性	.752	.056	15.624	***		
OAP1	原创真实性	.786					
OAP2	原创真实性	.785	.057	16.573	***	.803	.577
OAP3	原创真实性	.705	.072	14.646	***		
UAP1	独特真实性	.674				.788	.555
UAP2	独特真实性	.798	.104	13.272	***		

续表

题项编号	潜变量名称	Standardized Estimate	S.E.	C.R.	P	Composite Reliability	Average Variance Extracted
UAP3	独特真实性	.758	.102	12.831	***		
RAP1	参照真实性	.768				.737	.584
RAP2	参照真实性	.760	.064	14.822	***		
PM1	实用型动机	.652					
PM2	实用型动机	.747	.085	12.006	***	.758	.512
PM3	实用型动机	.744	.090	11.982	***		
PM4	享乐型动机	.868				.868	.767
PM5	享乐型动机	.883	.048	21.681	***		
PM7	情感型动机	.812					
PM8	情感型动机	.828	.059	18.467	***	.852	.657
PM9	情感型动机	.791	.059	17.479	***		
PI1	购买意愿	.824					
PI2	购买意愿	.838	.052	19.671	***	.889	.668
PI3	购买意愿	.859	.051	20.339	***		
PI4	购买意愿	.744	.059	16.750	***		

备注：***表示P值小于0.001

验证结果显示：潜变量的组合信度（CR）大于0.7，平均变异数抽取量（AVE）均大于0.5，所有测量题项的标准化因子负荷量（SE）均大于0.5，且因子负荷量T值均大于10，达到高度显著，表明样本具有较好的收敛效度。

（二）区分效度分析

区分效度分析是验证不同的两个维度相关在统计上是否有差异，如果高度相关则表示这些题项是在衡量同一个问题，一般区分效度可以用平均变异数抽取量（AVE）进行检验。如每一个维度的平均变异数抽取量大于各成对变项间的相关系数平方值，即表示维度之间具有区分效度。依据此标准，笔者对各潜变量进行了区分效度分析（见表5-31）：

表5-31　区分效度分析表

	FV	EV	LD	LI	NAP	OAP	UAP	RAP	PMU	PMP	PME	PI
FV	**0.743**											
EV	.660**	**0.782**										

续表

	FV	EV	LD	LI	NAP	OAP	UAP	RAP	PMU	PMP	PME	PI
LD	.572**	.640**	**0.779**									
LI	.562**	.666**	.686**	**0.812**								
NAP	.432**	.470**	.468**	.516**	**0.797**							
OAP	.510**	.566**	.570**	.623**	.694**	**0.760**						
UAP	.441**	.506**	.473**	.502**	.541**	.636**	**0.745**					
RAP	.465**	.487**	.475**	.573**	.605**	.599**	.595**	**0.764**				
PMU	.432**	.394**	.405**	.444**	.382**	.411**	.402**	.440**	**0.716**			
PMP	.473**	.432**	.440**	.507**	.317**	.449**	.367**	.461**	.616**	**0.876**		
PME	.498**	.474**	.426**	.530**	.437**	.499**	.444**	.559**	.569**	.690**	**0.811**	
PI	.395**	.337**	.344**	.395**	.317**	.365**	.337**	.379**	.560**	.626**	.601**	**0.817**

备注：N = 415。对角线中加粗数字为平均变异抽取量平方根，其余为各潜变量相关系数。**.在0.01水平（双侧）上显著相关。*.在0.05 水平（双侧）上显著相关。

通过平均变异数抽取量（AVE）的平方根与各潜变量之间相关性的大小关系发现，所有潜变量的平均变异抽取量的平方根均大于其与其他潜变量数的相关系数，且所有潜变量之间的相关系数均小于0.7，表明测量模型具有较好的区分效度。

第四节　样本资料的结构方程模型分析

通过上述分析可知，本次调研采用的问卷具有较高的信度和效度，这为后续的数据分析打下了坚实的基础。

一、模型配适度检验

本研究使用Amos17.0进行模型配适度检验，验证本研究提出的体验价值-地方依恋/真实性感知-购物行为意向的模型架构。经过分析，显示本研究模型的配适度指标如表5-32：

表5-32　本研究模型配适度指标分析表

样本	X^2	df	X^2/df	RMSEA	GFI	AGFI	CFI	NNFI	IFI
	1326.616	576	2.303	0.056	0.851	0.828	0.917	0.909	0.917

资料来源：本研究整理

从模型配适度指标来看，卡方值（X2）为1326.616，自由度（df）为576，P值为0.000，P值显著。结构模型的卡方与自由度比（X2/df）为2.303，平均近似误差均方根残差值（RMSEA）为0.056，调整配适度指标（AGFI）为0.828、比较配适标准（CFI）为0.917、非标准配适指标（NNFI）0.909、渐增式配适标准（IFI）为0.917均达到标准，但配适度指标（GFI）为0.851，没有达到0.9以上。一般认为，模型一旦估计的参数过多，要达到0.9就会有困难，Doll（1994）等人建议可酌情放宽到0.8。因此，总的来看，本研究的模型适配度指数基本达到相关标准，数据与模型的拟合程度较好，适合做进一步的结构方程模型分析。

二、模型路径分析与讨论

（一）路径分析的结果

在本研究样本信度、效度及模型配适度等均符合研究规范的基础上，通过路径分析得出研究结果（见表5-33）：

表5-33　本研究路径分析结果

影响关系			Estimate	S.E.	C.R.	P
地方依恋	<---	功利性价值	.277	.092	3.569	***
真实性感知	<---	功利性价值	.297	.083	3.427	***
地方依恋	<---	情绪性价值	.648	.093	7.581	***
真实性感知	<---	情绪性价值	.493	.079	5.496	***
购物动机	<---	地方依恋	.425	.056	5.591	***
购买意愿	<---	地方依恋	.288	.086	3.827	***
购物动机	<---	真实性感知	.396	.068	5.278	***
购买意愿	<---	真实性感知	.293	.106	3.881	***

注：***表示P值小于0.001

综合模型配适度分析和路径分析结果，假设验证结果显示：H1旅游者在景区游览中的功利性体验价值对地方依恋有显著正向影响；H2旅游者在景区游览中的情绪性体验价值对地方依恋有显著正向影响；H3旅游者在景区游览中的功利性体验价值对景区购物的真实性感知有显著正向影响；H4旅游者在景区游览中的情绪性体验价值对景区购物的真实性感知有显著正向影响；H5旅游者地方依恋对购物动机有显著正向影响；H6旅游者地方依恋对购物意愿有显著正向影响；H7旅游者购物真实性感知对购物动机有显著的正向影响；H8旅游者购物真实性感知对购物意愿有显著的正向影响，本研究的8项假设结果全部为支援（图5-9）。

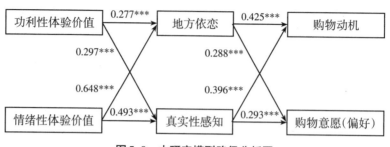

图5-9　本研究模型路径分析图

（二）本研究变量间影响关系的讨论分析

在本研究所有假设关系均得到验证的基础上，笔者认为有必要结合前人的研究成果对本研究涉及的体验价值、地方依恋、真实性感知、购物行为意向间的关系继续进行探讨与分析：

1. 体验价值对地方依恋的显著正向影响关系

在体验经济时代，体验价值作为管理学、经济学的研究热点之一，被众多学者作为研究变量用于实证研究。在旅游群体多元化、旅游方式多元化的背景下，良好的旅游体验与旅游服务既是旅游者对旅游活动的外在要求和内在需求，也是旅游企业基于竞争和持续发展的内在需要而必须积极承担的责任与义务。本研究将体验价值作为前因变量，假设并验证了包括功利性体验价值、情绪性体验价值在内的体验价值对地方依恋具有显著正向影响。经过样本资料分析，本研究也发现随着人们越来越重视个人体验，无论性别、年龄等个体因素如何，旅游者在某一旅游目的地的游览越充分、参与度越强、了解感受越完整，其综合体验价值就越好，进而越容易形成对该目的地的依恋，依恋水平越高。在体验价值与地方依恋的关系研究中，王婧（2016）提出游憩环境体验、服务质量体验对景区满意度和场所依恋产生显著正向影响；冯甯甯、崔丽娟（2017）认为，恢复体验对地方依恋有显著的正向预测作用，基于环境的恢复体验能够提升个体对该环境的地方依恋水平；柳艳超等（2017）认为，居民的地方认同和地方依赖水平与生活体验感等因素间存在明显正相关。这些研究提出了体验价值是地方依恋形成的重要因素，揭示了体验价值对地方依恋有显著正向影响，体验价值的好坏影响地方依恋的程度。从这些研究结论看，本研究的结论与学者们近年来的研究结论比较一致，相互印证了本研究结论的科学可靠性，再次说明在旅游领域内体验价值是形成旅游者对旅游地地方依恋的重要因素。

但在前人的相关研究中，周慧玲、许春晓（2005）在地方依恋的形成机制分析方面，指出基于旅游目的地实地体验形成的基模场所是形成地方依恋的重要因素，如基模场所超出其概念场所则可能形成地方依恋，其实质是认为体验价值与地方依恋有关，但影响是否显著并没有确定。王婧（2016）通过研究指出，游憩环境体验、服务质量体验对景区场所依恋产生显著正向影响，景区情感体验对场所依恋不产生影响，这一研究只是验证了部分体验价值对地方依恋具有显著正向影响。之所以在体验价值和地方依恋关系研究中会出现这样的差异或不一致，笔者认为这与体验价值本身的形成有关。在前文笔者通过文献研究发现，体验价值是主体在旅游过程中形成的，因此体验价值具有旅游者个体的参与性、主观性、可变性与综合性，也就是体验价值基于不同的旅游者或旅游群体、不同旅游目的地、不同时期、不同参与程度、不同维度划分以及对不同问题的研究等，均有可能产生一定的区别或差异。也就是说，在不同背景、不同研究领域探索体验价值与地方依恋关系，可能会出现部分不一致，笔者认为这种不一致是合理、可接受的。从近年来学者们的最新研究看，体验价值与地方依恋的显著正向影响被越来越多地验证。

在研究中笔者还发现，在功能性体验价值和情绪性体验价值对地方依恋均产生显著正向影响的前提下，情绪性体验价值对地方依恋的路径影响系数为0.648，明显高于功能性体验价值对地方依恋的路径影响系数0.277，这说明旅游者游览中基于更加休闲、轻松、愉悦等形成的情绪性体验价值更容易促使其形成对旅游目的地的依恋。之所以会形成这样的差别，笔者分析认为，相对而言民族旅游景区重点在于以其民族历史文化、民族知识与技能、民族传统体验以及原生态的村落与服装样貌等吸引旅游者游览和体验，在民族旅游景区旅游者也更多关注的是对民族传统文化、技术的感受与体验等，对一般功能性的依赖会相对弱化，进而产生在体验价值两种维度上的影响差异。

2. 体验价值对真实性感知的显著正向影响关系

本研究将体验价值作为前因变量，通过对海南槟榔谷民族旅游景区的研究，假设并验证了旅游者的体验价值对其真实性感知具有显著正向影响。通过研究显示，旅游者在景区的游览与参与越充分，了解和体验越完整，就越容易在综合体验评价下形成较高的真实性感知，对景区内的"真"的判断就会越高。而在关于真实性感知的关系研究中，Waitt（2000）指出旅游者的个体特征（年龄、性别、个人收入、学历、重游经历）等对旅游者的真实性感知具有显著影响；卢婉莹（2016）指出，旅游经济中的各类真实性都是建立在旅游体验基础上形成的"真"或"假"的判断，并在此基础上产生真实性感知。前人的研究，主要揭示了人口特征对真实性形成的影响，提出了当下体验是真实性理论的主线指出了可以形成真实性的重要因素，并要求在体验经济时代必须首先弄清楚体验与真实性是否存在必然联系（邓永成，2011）。但通过梳理文献发现，国内学者们的研究主要集中于真实性感知的形成因素上，对于体验价值与真实性感知二者的影响关系是否显著、是否具有正向影响的研究还不多。尽管如此，笔者和前人还是形成了一致性的研究结论，即体验是影响真实性的重要因素，体验价值可以促使真实性感知形成。在此基础上，本研究在民族景区游览这一特定区域和背景下探索并验证了二者之间具有显著正向影响关系，这对今后其他领域探讨体验价值与真实性感知具有一定的借鉴意义。

本研究还发现，在功能性体验价值和情绪性体验价值对真实性感知均有显著正向影响的前提下，情绪性体验价值对真实性感知的路径影响系数为0.493，功利性体验价值对真实性感知的路径影响系数为0.297，这说明在民族旅游景区游览中，对旅游者真实性感知影响较大的是其情绪性体验价值。王宁（1999）等不少学者认为，不存在绝对的本原真实，真实性反映的是个体的印象与期待，是否真实取决于主体的感知。这些学者的研究实质表明，旅游领域的真实性具有主观性、可变性等特征，真实性主要源于旅游者在体验价值形成过程中的感知，而并非景区内所有旅游吸引物的客观真实。对于诸多旅游者而言，对少数民族的历史、文化、技术等了解有限，其在民族旅游景区游览过程中对景区内构建的文化、习俗、村落、商品等是否客观真实难以有直观的准确判断，仅能通过景区呈现的各类主题游览和游览体验来主观自我判定真实性。在这个判定过程中，通常不太容易在短时间内从功能性上判断真实性，相对而言在景区讲解员、景区环境氛围与文化技艺等引导与感染下，旅游者更易于从景区整体展现的文化特征、特定氛围等方面形成对景区的真实性感知，因此会形成上述差异。

3. 地方依恋对购物行为意向的显著正向影响关系

在地方依恋与购物行为意向的关系上，本研究假设并验证了地方依恋对购物行为意向的两个维度购物动机、购物意愿（偏好）均有显著正向影响。本研究发现，对于旅游者而言，对民族旅游景区的地方依恋程度越高，对该旅游目的地的功能依赖就会越强，情感认同度就会越高。旅游者会在功能依赖、情感认同的共同作用下，在更加愉悦、休闲的氛围中激发购物动机，催生购物意愿。在将地方依恋作为前因变量的研究中，学者们对地方依恋与主体行为之间的关系进行了研究。黄向（2006）、万基财（2014）等学者提出，地方依恋对环境保护行为、环境友好行为、地方保护行为等具有显著正向影响作用；王江哲等（2017）认为有地方依恋的旅游者表现出来的满意度比较高，其中地方认同对旅游者满意度及忠诚度、对旅游者行为的正向影响均高于地方依赖的影响。钱树伟等（2010）少数学者积极将地方依恋与旅游购物行为联系起来，研究指出旅游者的地方依恋对购物动机、购物偏好、购物满意度等具有不同程度的正向影响，其中情感性依赖（地方认同）比功能性依赖（地方依赖）的影响更为显著。本研究得出的地方依恋对购物行为意向具有显著的正向影响的结论，与前人研究得出的地方依恋与主体行为、主体购物行为具有显著正向影响的结论是一致的。

本研究在地方依恋对购物动机和购物意愿（偏好）均有显著正向影响的前提下，发现地方依恋对购物动机的路径影响系数为0.425，大于地方依恋对购物意愿（偏好）的路径影响系数0.288，由此说明旅游者地方依恋对购物动机的影响高于对购物意愿（偏好）的影响。就此笔者分析认为，旅游者在民族旅游景区可能形成的购物行为意向，更多出于对民族文化与传承的认同，认同度越高就越会在愉悦的氛围中产生购物动机，并在实用型购物动机、享乐型购物动机和情感型购物动机的影响下，对购物意愿（偏好）产生影响。因此，在路径影响系数上，会形成二者间的差异。

4. 真实性感知对购物行为意向的显著正向影响关系

本研究以海南槟榔谷民族旅游景区为样本，假设并验证了旅游者真实性感知对购物行为意向的两个维度购物动机、购物意愿（偏好）均有显著正向影响。研究发现，旅游者对景区的真实性感知程度越高，对景区内的旅游购物设计、旅游商品的"真"越认可，在此情形下更容易唤醒其内在的购物动机、购物意愿（偏好）。反之，真实性感知程度越低，旅游者就越会回避或隐藏起购物行为意向，难以形成实际的购物行为。在感知与行为的研究上，Gilmore & Pine（2007）指出，消费者基于对产品真实性的感知进行消费决策；Asplet & Copper（2009）通过指出，商品注明设计的真实性会增强游客的购买意愿；Mary（2012）指出，感知的旅游形象与期望、偏好之间的差异越小，选择性、可能性就越高；孙乃娟（2016）研究发现，体验价值感知能够唤醒顾客主动履行公民行为；王江哲等（2017）研究后表示，消费者感知的商品质量正向影响其购买意愿。这些研究均表明感知对行为意向或决策具有积极影响，并在相关领域证明了真实性感知对购物行为意向有显著正向影响，与本研究结论具有整体一致性。

在真实性感知对购物动机和购物意愿（偏好）均有显著正向影响的前提下，研究发现真实性感知对购物动机的路径影响系数为0.396，对购物意愿（偏好）的路径影响系数为0.293，二者存在一定差别，说明旅游者真实性感知对购物动机的影响高于对购物意愿（偏好）的影响。笔者分析认为，在旅游者于民族旅游景区可能形成购物行为意向的过程中，旅游者对景区整体、景区内的旅游商品感知真实且真实性水平达到一定程度后，会唤醒其在景区的购物动机；基于不同购物动机的需要，形成基于不同类型商品的购物意愿（偏好）的差别。在真实性感知的影响下，基于实用型购物动机的旅游者，选择黎族或苗族特色药品、保健品的居多，而基于情感型购物动机的旅游者选择黎族或苗族服饰、银饰品、摆件的较多。

第五节　综合讨论

本研究引入S-O-R理论，主要探讨体验价值、地方依恋/真实性感知与购物行为意向之间的关系，并就此构建了研究模型。通过对结构方程模型的分析，验证了本研究所提出的8个假设，结果显示了本研究所构建的模型为良好的结构方程模型。在此基础上，本研究将对各变量之间的相关关系继续探讨。

一、受访者人群特征在各潜变量上的方差分析

（一）不同性别的差异分析

运用方差分析对不同性别在各个潜变量上的差异进行分析，结果如表5-34。从分析结果看，P值均大于0.05，不同性别在各潜变量上的差异没有达到显著水平，说明男性旅游者和女性旅游者在本研究的各个潜变量的选择上没有明显差异。

表5-34　性别对各潜变量的方差分析摘要表

潜变量	T值	P值
FV	−0.125	0.901
EV	0.248	0.804
LD	0.419	0.676
LI	−1.040	0.299
NAP	−0.678	0.498
OAP	−0.838	0.402
UAP	−1.072	0.284
RAP	−0.679	0.498
PMU	−1.039	0.299
PMP	0.242	0.809
PME	−0.334	0.739
PI	0.213	0.831

（二）不同年龄的差异分析

本研究物件均为18岁以上的旅游者，根据方差分析如表5-35，本研究界定的五个年龄段（18—24岁、25—34岁、35—44岁、45—60岁、60岁以上）在各个潜变量上的P值均大于0.05，因此年龄差异在各潜变量上的差异没有达到显著水平，说明18岁以上的、不同年龄的旅游者在本研究的各个潜变量的选择上没有明显差异。

表5-35　年龄对各潜变量的方差分析摘要表

潜变量	F值	P值
FV	0.548	0.700
EV	0.399	0.809
LD	0.612	0.654
LI	0.156	0.960
NAP	0.881	0.476
OAP	0.726	0.574
UAP	1.147	0.334
RAP	0.455	0.768
PMU	1.028	0.392
PMP	1.628	0.166
PME	0.923	0.450
PI	0.537	0.709

（三）不同家庭结构的差异分析

根据方差分析，本研究界定的四种家庭结构（未婚、未婚无子女、子女未成年、子女已成年）在实用型购物动机（PMU）上的P值为0.039，小于0.05，说明不同家庭结构的旅游者在实用型的购物动机上存在显著差异；除此之外，家庭结构在其余的潜变量上的P值均大于0.05，说明家庭结构在除实用型购物动机外的其他潜变量上的差异没有达到显著水平（见表5-36）。

表5-36　家庭结构对各潜变量的方差分析摘要表

潜变量	F值	P值
FV	0.184	0.907
EV	0.446	0.720
LD	0.399	0.754
LI	0.067	0.977
NAP	0.508	0.677
OAP	0.463	0.708
UAP	1.463	0.224
RAP	0.430	0.732
PMU	2.819	0.039
PMP	0.825	0.481
PME	0.603	0.614
PI	0.835	0.475

为了弄清楚具体差异，本研究对不用家庭结构在实用型购物动机方面的差异进行了多重比较，从分析结果可以看出，受访者家庭结构中孩子已成年与未婚、孩子

已成年与已婚无子女家庭间的 P 值分别为 0.017、0.008，均小于 0.05，说明孩子已成年与未婚、已婚无子女家庭的旅游者在实用型购物动机上存在显著差异。孩子已成年与未婚家庭在实用型购物动机上的平均差异值为 -.26150*，孩子已成年与已婚无子女家庭在实用型购物动机上的平均差异值为 -.31628*，这表明受访者中孩子已成年的旅游者的实用型购物动机（PMU）显著低于未婚和孩子未成年家庭的旅游者（见表 5-37）。

表 5-37 不同家庭结构在实用型购物动机上的多重比较

因变量	(I) 家庭结构	(J) 家庭结构	均值差 (I-J)	标准误	显著性	95% 置信区间	
						下限	上限
PMU 实用型购物动机	未婚	已婚无子女	-.05479	.09052	.545	-.2327	.1232
		孩子未成年	.09073	.08347	.278	-.0734	.2548
		孩子已成年	.26150*	.10865	.017	.0479	.4751
	已婚无子女	未婚	.05479	.09052	.545	-.1232	.2327
		孩子未成年	.14551	.09548	.128	-.0422	.3332
		孩子已成年	.31628*	.11813	.008	.0841	.5485
	孩子未成年	未婚	-.09073	.08347	.278	-.2548	.0734
		已婚无子女	-.14551	.09548	.128	-.3332	.0422
		孩子已成年	.17077	.11281	.131	-.0510	.3925
	孩子已成年	未婚	-.26150*	.10865	.017	-.4751	-.0479
		已婚无子女	-.31628*	.11813	.008	-.5485	-.0841
		孩子未成年	-.17077	.11281	.131	-.3925	.0510

（四）不同职业的差异分析

根据方差分析，本研究界定的十一种职业在独特真实性（UAP）上的 P 值为 0.029，小于 0.050，说明在受访者中不同职业的旅游者在独特真实性上存在显著差异；除此外，职业在其余的潜变量上的 P 值均大于 0.050，说明不同职业的旅游者在除独特真实性感知外的其他潜变量上的差异没有达到显著水平（见表 5-38）。

表 5-38 职业对各潜变量的方差分析摘要表

潜变量	F 值	P 值
FV	1.038	0.410
EV	0.546	0.857
LD	0.609	0.806
LI	0.997	0.445
NAP	1.010	0.434

潜变量	F值	P值
OAP	1.020	0.426
UAP	2.029	0.029
RAP	0.744	0.683
PMU	1.217	0.278
PMP	1.085	0.372
PME	0.784	0.645
PI	0.454	0.919

为了弄清楚具体差异，本研究对职业在独特真实性方面的差异进行了多重比较，分析结果显示：

受访的旅游者中政府人员（含事业单位）与自由职业者、其他职业者间的P值均为0.032，都小于0.05，说明受上访旅游者中的政府人员（含事业单位）与自由职业者、其他职业者在独特真实性感知上存在显著差异。政府人员（含事业单位）与自由职业者在独特真实性感知上的平均差异值为−0.28859*，政府人员（含事业单位）与其他职业者在独特真实性感知上的平均差异值为−0.31468*，这表明受访者中政府人员（含事业单位）的独特真实性感知（UAP）显著低于自由职业者和其他职业者。

受访的旅游者中企业经理（含私营企业主）与公司职员、自由职业者、其他职业者间的P值分别为0.033、0.004、0.007，都小于0.05，说明受访的旅游者中企业经理（含私营企业主）公司职员、自由职业者、其他职业者在独特真实性感知上存在显著差异。企业经理（含私营企业主）与公司职员独特真实性感知上的平均差异值为−0.22517*，企业经理（含私营企业主）与自由职业者在独特真实性感知上的平均差异值为−0.31630*，企业经理（含私营企业主）与其他职业者在独特真实性感知上的平均差异值为−0.34240*，这表明受访者中企业经理（含私营企业主）的独特真实性感知（UAP）显著低于公司职员、自由职业者和其他职业者。

受访的旅游者中离退休人员与公司职员、自由职业者、其他职业者间的P值分别为0.025、0.009、0.008，均小于0.05，说明受访的旅游者中的离退休人员与公司职员、自由职业者、其他职业者间在独特真实性感知上存在显著差异。离退休人员与公司职员在独特真实性感知上的平均差异值为−0.49259*，离退休人员与自由职业者在独特真实性感知上的平均差异值为−0.58372*，离退休人员与其他职业者在独特真实性感知上的平均差异值为−0.60982*，这表明受访者中离退休人员的独特真实性感知（UAP）显著低于公司职员、自由职业者和其他职业者。

（五）不同学历的差异分析

根据方差分析，本研究界定的六种学历层次在各潜变量上的P值均大于0.05，因此学历层次在各个潜变量上的差异没有达到显著水平，说明不同学历的受访旅游者在本研究的各个潜变量的选择上没有明显差异（见表5-39）。

表5-39　学历对各潜变量的方差分析摘要表

潜变量	F值	P值
FV	0.417	0.837
EV	0.218	0.955
LD	0.387	0.858
LI	0.777	0.567
NAP	1.132	0.343
OAP	0.246	0.942
UAP	0.315	0.904
RAP	0.734	0.599
PMU	0.827	0.531
PMP	1.316	0.256
PME	0.236	0.946
PI	0.822	0.534

（六）不同收入的差异分析

根据方差分析，本研究界定的八类月收入水平在各潜变量上的P值均大于0.05，因此月收入水平在各个潜变量上的差异没有达到显著水平，说明月收入不同的受访旅游者在本研究的各个潜变量的选择上没有明显差异（见表5-40）。

表5-40　收入对各潜变量的方差分析摘要表

潜变量	F值	P值
FV	1.362	0.220
EV	1.601	0.133
LD	1.849	0.077
LI	1.362	0.220
NAP	1.341	0.229
OAP	1.397	0.205
UAP	0.823	0.568
RAP	1.759	0.094
PMU	0.523	0.817
PMP	0.691	0.680
PME	1.440	0.187
PI	0.657	0.708

（七）不同购物情况的差异分析

根据方差分析，本研究界定的两种不同购物情况的受访者在享乐型购物动机（PMP）、情感型购物动机（PME）、购物意愿（PI）上的P值分别为0.001、0.020、0.001，均小于0.050，说明购物、没有购物的受访旅游者在享乐型购物动机、情感型购物动机以及购物意愿上存在显著差异；购物的旅游者在享乐型购物动机、情感型购物动机以及购物意愿（偏好）上显著高于没有购物的旅游者。此外，购物、没有购物的受访旅游者在其余的潜变量上的P值均大于0.05，说明他们在除享乐型购物动机（PMP）、情感型购物动机（PME）、购物意愿（PI）外的其他潜变量上的差异没有达到显著水平，说明购物、没有购物的受访旅游者在对除享乐型购物动机（PMP）、情感型购物动机（PME）、购物意愿（PI）外的本研究中的其他各个潜变量的选择没有明显差异（见表5-41）。

表5-41 购物情况对各潜变量的方差分析摘要表

潜变量	T值	P值
FV	0.054	0.957
EV	−0.346	0.730
LD	0.729	0.466
LI	1.433	0.150
NAP	0.989	0.323
OAP	−0.108	0.914
UAP	−0.025	0.980
RAP	0.508	0.612
PMU	1.035	0.301
PMP	3.261	0.001
PME	2.330	0.020
PI	3.453	0.001

（八）对差异分析结果的综合讨论

1. 关于体验价值方差分析结果的讨论

从上述分析结果来看，在民族旅游景区，不同性别、不同年龄段、不同家庭结构、不同职业者、不同学历、不同月收入水平、不同购物情况这七类旅游者在功利性体验价值、情绪性体验价值上没有形成显著差异。也就是说，在民族旅游景区，男性旅游者与女性旅游者在功利性体验价值、情绪性体验价值上没有形成显著差异，这与李幼瑶（2007）主题公园消费体验、体验价值和行为意向关系的研究，李娟（2012）旅游者感知的红色旅游体验价值研究的相关研究结论是一致的；不同年龄段的旅游者在功利性体验价值、情绪性体验价值上没有形成显著差异，这一结论与李幼瑶（2007）的主题公园研究、黄颖（2014）古镇游客间互动、体验价值及满意度的关系研究的研究结论基本一致；四类不同家庭结构的旅游者在功利性体验价值、情绪性体验价值上没有形成显著差异，对此国内学者对本研究设计的四种家庭结构出发研究体验价值的比较少，个别学者采用婚姻状况（已婚或未婚）进行研究；十一种不同职业的旅游者在功利性体验价值、情绪性体验价值上没有形成显著差异；不同月收入水平的旅游者在功利性体验价值、情绪性体验价值上没有形成显著差异，这一结论和黄颖（2014）对古镇旅游者的研究结论是一致的；购物旅游者、没有购物旅游者在功利性体验价值、情绪性体验价值上没有形成显著差异。本研究得出的上述结论多数与前人的研究结论相一致或相似，原因在于体验价值源于个体在外部环境刺激下形成内在的感受、认知和综合评价等，在体验价值形成过程中旅游者主体自身起到重要作用；在民族旅游景区的游览与体验中，对于本研究调查的18岁以上的旅游者而言，其基本都具备了相应的文化知识和综合素养，面对的都是相对神秘、了解较少的黎族苗族历史文化、技艺技能等，因此在游览过程中无论出于功利性或是情感性，其在体验过程中形成的对民族旅游景区的感受、认知及影响综合评价的因素、依据都具有相对一致性，最终没有形成在体验价值上的显著差异。

尽管本研究的相关结论与前人的研究具有较多一致性，但从具体研究来看，也存在一定的差异。国内学者蒋婷（2012）在体验视角下团队顾客间互动对再惠顾意愿的影响研究中，将体验价值划分为功能性价值、情感性价值、认识性价值、社会性价值，指出在社会性体验价值上男性高于女性；不同年龄段的顾客在功能性价值、认识性价值上存在显著差异；不同职业、不同学历的顾客在认识性价值、社会性价值上存在显著差异；不同家庭月收入的顾客在社会性体验价值上存在显著差异。而姚太平（2010）、任红（2015）、宋繁（2016）分别针对主题公园旅游、邮轮旅游、农业文化遗产地旅游将旅游者体验价值划分为趣味价值、服务优越价值、美感价值、投资报酬价值四个维度，研究发现：不同性别旅游者在美感价值上存在显著差异，在主题公园研究中不同性别旅游者在服务优越价值上也存在显著差异；不同年龄段的旅游者在服务优越价值或美感价值上存在显著差异；不同职业的旅游者在趣味价值上存在显著差异；不同学历的旅游者在趣味价值、服务优越性价值上存在显著差异；不同月收入的旅游者在美感价值、投资报酬价值上存在显著差异。笔者认为，形成这些差异的原因：一是体验价值作为旅游者主体形成的感受、认知与评价，在不同领域其本身具有主观性、可变性、综合性等特点；二是基于不同研究体验价值也有不同层次的多维划分与界定，维度划分越细，就越有可能形成差异；三是一些研究的差异，实质是某类价值内部细分的差异，如趣味价值、美感价值在本研究中均属于情绪性价值，如果将其纳入情绪性价值整体后再与功利性价值对比，就不会出现在体验价值上的差异，结论就和本研究基本一致。基于这些原因，就有可能导致不同人口统计变量的旅游者、在不同类型的旅游目的地，既有可能形成较为一致的功利性性价值和情绪性价值，也可能在体验价值上存在明显差异；即使是同样的维度划分，在不同的研究领域，也可能出现旅游者在体验价值上的显著差异，而这些一致或差异笔者认为都是可以接受的。

2. 关于地方依恋方差分析结果的讨论

从上述分析结果来看，在民族旅游景区，不同性别、不同年龄段、不同家庭结构、不同职业、不同学历、不同收入差距、不同购物情况这七类旅游者在包括地方依赖、地方认同两个维度在内的地方依恋上没有形成显著差异。国内学者余及斌（2015）以西溪湿地为案例，对生态旅游涉入、地方依恋与环境负责任行为关系进行研究后发现，生态旅游者的性别、年龄、职业、教育背景和收入在湿地的地方依赖、地方认同上均没有显著差异。陈继翠（2015）在基于地方依恋的视角对黎平县侗族稻作文化景观保护研究后指出，居民的性别、职业、文化程度在对该地的地方依恋上没有显著差异；但是居民月收入越高，对该地的地方依恋越强。纪红叶（2016）以南京钟山风景区为例对游客感知价值、地方依恋与环境负责行为的关系研究，指出旅游者的性别、婚姻差异在风景区的地方依恋上没有显著差异；但年龄段上有差异，中年人相对于年轻人在阅历上更加成熟、相对于老年人不那么过分恋旧，因此容易在风景区良好环境氛围中经过思考而形成地方依恋；在职业上，退休人员的地方依恋最大；在收入水平上，月收入越高的旅游者的地方依恋越强。江璐虹（2017）以丝绸之路遗产廊道典型遗产地为例，对遗产地旅游形象影响因素及其作用机理进行研究指出，性别、职业在旅游者的地方依恋上没有显著差异，年龄、学历、收入在旅游者对遗产地的地方依恋上存在差异。

综合近年来国内学者基于不同领域对人口统计特征与地方依恋的研究来看，性别在地方依恋上不会造成显著差异，职业在多数领域对地方依恋不会形成显著差异，关于年龄、学历、月收入在不同领域是否会形成地方依恋显著差异结论不一致，关于家庭结构、购物情况对地方依恋是否有显著差异影响方面研究得还不多。地方依恋源于个体对地方的功能性依恋和情感性认同，其中情感认同发挥主要作用。在地方依恋的形成过程中，个体对该地的功能认识、情感认知及程度一般不会因为性别、职业有所偏好或无法认知，因此较少形成显著差异。对于在年龄、学历、月收入等方面出现的研究结论的差异，笔者认为：一是地方依恋研究的领域不同，目前国内对地方依恋与行为的研究多集中在环境保护行为、特定区域保护行为、旅游负责任行为等方面，研究购物行为的还不多，在不同领域、不同人口统计特征下对地方依恋影响是否显著就可能出现差异；二是目前的研究相对集中在旅游者的地方依恋和居民的地方依恋方面，前者是对异地（旅游目的地）的依恋、后者是对居住地的依恋，因个体与该地自身的联系本身就不同，因此在人口统计特征下二者会在地方依恋上形成显著差异。例如年长的居民与年轻的居民对居住地的地方依恋可能存在显著差异，但年长的旅游者与年轻的旅游者对旅游地的地方依恋一般不存在显著差异。

3. 关于真实性感知方差分析结果的讨论

从上述分析结果来看，在民族旅游景区，不同性别、不同年龄段、不同家庭结构、不同学历、不同收入差距、不同购物情况这六类旅游者在包括自然真实性、原创真实性、独特真实性、参照真实性四个维度在内的真实性感知上没有形成显著差异，但不同职业者在独特真实性感知上形成显著差异。笔者分析，在民族旅游景区内，旅游者对于民族整体性、文化性、历史性、神秘性的好奇、认识、体验和探索基本是一致的，都希望从整体上感知更多的民族真实性，而海南槟榔谷民族旅游景区作为 AAAAA 级景区也最大限度地通过园区规划、景观设计、技艺展示、文化演出、现场体验等方式，促使旅游者观赏、体验和感知更多的真实，因此所有受访旅游者在景区的自然真实性、原创真实性、参照真实性上没有形成显著差异。但是研究发现，不同职业者在独特真实性上存在显著差异：一是受访者中政府人员（含事业单位）的独特真实性感知显著低于自由职业者和其他职业者；二是受访者中企业经理（含私营企业主）的独特真实性感知显著低于公司职员、自由职业者和其他职业者；三是受访者中离退休人员的独特真实性感知显著低于公司职员、自由职业者和其他职业者。笔者分析，政府人员和企业经理具有一定的身份特征，其在身份特征下的旅行机会相对较多，其阅历、认知等导致其对民族性的景区或旅游商品已有一定了解，因此景区的旅游资源未能对其形成良好的吸引力，他们关注和参与购物体验的积极性不强，而且他们对服务的质量标准要求较高；离退休人员因为经济原因、对商品兴趣和购物一般持谨慎态度，因此大多不太关注购物环节和参与购物体验。而公司职员、自由职业者或其他职业者，其身份和时间都比较自由，对各类商品或体验有浓厚兴趣，愿意主动参与体验环节，也就容易关注购物细节和感知购物服务。因此，这就可能形成了不同职业的旅游者在独特真实性上的显著差异。

关于人口统计变量与真实性感知的研究，戴永明（2012）在基于游客感知的古村落真实性研究中，将真实性感知划分为建筑和景观真实性、存在真实性、商业特色真实性，研究发现在建筑和景观真实性感知上女性的感知水平高于男性，在存在真实性上男性的感知水平高于女性；不同年龄段、不同学历、不同收入水平的旅游者在商业特色真实性上存在差异；对不同职业者在真实性感知的各个维度是否有显著差异没有研究。卢婉莹（2016）在历史文化街区的游客真实性感知研究中，将真实性划分为动态与静态环境和场域、社会的精神与感情、文化活动、物质实体、传统与技术五个方面，发现男性和女性在动态与静态环境和场域真实性感知、社会的精神与感情真实性感知上存在显著差别；不同学历旅游者在社会的精神与感情真实性感知上存在显著差异；不同职业者在独特真实性感知上没有显著差异。之所以笔者的研究未能和前人的研究达成完全一致，主要在于：一是真实性具有主体的主观性，旅游者在不同领域内的真实性感知会因为人口统计变量不同而形成差异，也就是同一旅游群体在民族旅游景区的真实性感知可能与其在历史文化街区等区域的真实性感知不同；二是基于研究目的与需要，学者们对真实性的维度划分不同，划分后的维度有时候难以对应，因此在评价和验证时难以形成完全一致的结论。

4. 关于购物行为意向方差分析结果的讨论

从上述分析结果来看，在民族旅游景区，不同性别、不同家庭结构、不同职业、不同学历、不同月收入水平这五类旅游者在包括购物动机、购物意愿在内的购物行为意向上没有形成显著差异，但不同年龄段的旅游者在实用型购物动机上形成显著差异，不同购物情况旅游者在享乐型购物动机、情感型购物动机、购物意愿上形成显著差异。在民族旅游景区，对景区整体民族性的认识、体验，以及形成的情感认同、真实感知及水平等促使旅游者产生购物动机，并在购物动机影响下结合景区商品类型等产生购物行为意向或购物行为。在体验经济影响下，民族旅游景区特色的购物环节、旅游商品等，相对于体验价值下的地方依恋、真实性感知是形成旅游者购物行为意向的重要因素，旅游者的性别、家庭结构、职业、学历、月收入水平未能成为影响其购物的主要因素，因此在购物动机、购物意愿上没有形成显著差异。但研究发现，在不同年龄对旅游者购物动机的影响上，受访者中孩子已成年的旅游者的实用型购物动机显著低于未婚和孩子未成年家庭的旅游者。出现这一差异，主要在于未婚旅游者、孩子未成年的旅游者其家庭结构比较简单、旅游者的各类阅历相对较浅、在游览中考虑自身直观因素相对较多，在购物中重点关注满足自身实际需要的商品；而孩子已成年的旅游者已经具有丰富的人生阅历，相对于具体购物其更愿意享受在此的体验过程、购物过程和以此带来的美好经历与回忆，因此形成了二者在实用型购物动机上的显著差异。另外研究还发现，不同购物情况旅游者在享乐型购物动机、情感型购物动机、购物意愿上形成显著差异，有过购物情况的旅游者的享乐型购物动机、情感型购物动机、购物意愿显著高于没有购物的旅游者。前人的研究已经表明，旅游购物和一般消费购物的最大区别在于旅游购物更加重视旅游商品富含的历史文化、传统技艺、特定的价值含义以及在此过程中的各类美好体验，因此在旅游中选择购物的旅游者多是基于良好体验或情感认同等形成购

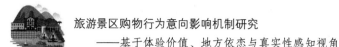

物意向，在选择购物商品时多以摆件、饰品等纪念品为主；相对而言，未购物者更多是因为其对民族旅游景区及其商品内涵的文化价值等没有足够的体验和感知，将关注的重点仍放在商品的实用价值上，未能形成购物，如果有意愿购物也可能更多选择药品、保健品等，因此二者就形成了在享乐型购物动机、情感型购物动机、购物意愿上的显著差异。

在人口统计变量与购物行为研究方面，王琳雅（2016）在基于匹配理论的消费者管道选择行为研究中指出，消费者的性别、年龄、学历、收入对其购物动机没有显著影响，除了年龄外本研究的研究结论与这一研究基本一致。刘烨（2012）在中国消费者在不同平台上的购物动机与购物行为研究中，将实用型购物动机、享乐型购物动机进行了细化，并指出男性与女性消费者在细分的购物动机中存在显著差异，且不同性别的消费者在购物类型上也存在差异。前人的一些研究还发现，不同年龄、受教育水平、收入等群体在网络购物动机上存在差异。笔者认为，在一般消费领域与旅游购物领域间，不同年龄段的旅游者在购物动机上确实存在差异；在消费领域内消费者对实用型购物动机更重视，而在旅游购物过程中情感型购物动机却更重要，但在任何一个消费购物领域都不能忽视享乐型购物动机对行为意向的影响。

二、购物动机与购物意愿回归分析

作为购物行为意向的两个方面，了解购物动机是否对购物意愿（偏好）有显著影响，对民族旅游景区发展和完善购物市场具有相关的积极意义。本研究使用Amos17.0在购物动机因子分析结果的基础上，对购物动机和购物意愿（偏好）进行了回归分析，分析结果如表5-42：

表5-42 购物动机与购物意愿回归分析结果

模型汇总

模型	R	R方	调整R方	标准估计的误差
1	.689[a]	.475	.471	.57498

a. 预测变量：（常量），PME，PMU，PMP。

系数[a]

模型		非标准化系数		标准系数	t	Sig
		B	标准误差	试用版		
1	（常量）	.561	.175		3.206	.001
	PMU	.255	.054	.221	4.720	.000
	PMP	.271	.047	.309	5.799	.000
	PME	.270	.053	3262	5.134	.000

a. 因变量：PI

　　从分析结果来看，调整的 R 方为 0.471，表明了购物动机对购物意愿的解释度达到 47.1%，具有较强的解释关系；在购物动机的三个维度实用型购物动机（PMU）、享乐型购物动机（PMP）和情感型购物动机（PME）是否对整个购物意愿（PI）具有显著影响的回归分析中，分析结果显示实用型购物动机（PMU）对购物意愿（PI）的影响系数 $\beta = 0.221$（$t = 4.720$，$P = 0.000 < 0.050$），达到显著水平；享乐型购物动机（PMP）对购物意愿（PI）的影响系数 $\beta = 0.309$（$t = 5.799$，$P = 0.000 < 0.050$），达到显著水平；情感型购物动机（PME）对购物意愿（PI）的影响系数 $\beta = 0.262$（$t = 5.134$，$P = 0.000 < 0.050$），达到显著水平。表明这三个维度的购物动机对整个购物意愿的影响达到了显著水平，表明受访旅游者的购物动机对其购买意愿具有显著影响。

　　在此基础上，本研究还从实用型购物动机、享乐型购物动机和情感型购物动机出发对受访旅游者具体的购买意愿（偏好）进行了比较分析，结果显示这三个维度的购物动机在"购买黎族或苗族特色收藏品、服饰、饰品摆件"上的 P 值均小于0.050，表明持有三个不同维度购物动机的旅游者在分别购买黎族或苗族特色收藏品、服饰、饰品或摆件的选择过程中存在显著差别。在"购买黎族或苗族特色药品、日用品"这一选择上，实用型购物动机的 P 值分别为 0.153、0.056，大于 0.050，说明持有实用型购物动机的旅游者在分别购买黎族或苗族特色药品、日用品上没有显著差别；享乐型购物动机在"购买黎族或苗族特色药品、日用品"的 P 值均为 0，情感型购物动机在"购买黎族或苗族特色药品、日用品"的 P 值为 0.007、0.026，均小于 0.05，表明持有享乐型购物动机和情感型购物动机的旅游者在分别购买黎族或苗族特色药品、日用品的过程中存在显著差别。在"购买黎族或苗族特色保健品"这一选择上，实用型购物动机、情感型购物动机的 P 值分别为 0.246、0.097，大于0.050，说明持有实用型购物动机、情感型购物动机的旅游者在分别购买黎族或苗族保健品上没有显著差别；享乐型购物动机在"购买黎族或苗族保健品"的 P 值为 0，表明持有享乐型购物动机的旅游者在购买黎族或苗族保健品的过程中存在显著差别。

第六章　研究结论与建议

结合实证分析结果，本章主要包括四方面的内容：一是概括总结本研究的研究结论；二是对研究中发现的相关问题继续讨论；三是提出本研究的启示和建议；四是本研究的局限性。

第一节　研究结论

一、研究变量测试结果

通过可靠性分析和验证性因素分析，本书分别对除个人信息这一部分外的五个量表进行了信度和效度分析，并得出了各个维度的因子。在分析过程中首先对不具有一致性的相关题项进行删除，以确保量表的配适度，并在此基础上形成最终量表并进行分析。分析结果是：体验价值的 Cronbach's Alpha 值为 0.904，体验价值的两个维度功利性体验价值和情绪性体验价值的 Cronbach's Alpha 值分别为 0.820、0.894，体验价值及其两个维度的量表内部一致性达到可以接受的范围；体验价值量表的卡方/自由度比（X2/df）为 2.402，平均近似误差均方根（RMEA）为 0.058，配适度指标（GFI）、调整配适度指标（AGFI）、比较配适度指标（CFI）、非标准配适指标（NNFI）、渐增式配适指标（IFI）的值分别为 0.975、0.952、0.984、0.976、0.984，体验价值量表的整体拟合度较好。地方依恋的 Cronbach's Alpha 值为 0.905，量表的内部一致性达到可以接受的范围；地方依恋量表的卡方/自由度比（X2/df）为 2.335，平均近似误差均方根（RMSEA）为 0.057，配适度指标（GFI）、调整配适度指标（AG-FI）、比较配适度指标（CFI）、非标准配适指标（NNFI）、渐增式配适指标（IFI）的值分别为 0.991、0.965、0.995、0.987、0.995，地方依恋量表的整体拟合度较好。真实性感知的 Cronbach's Alpha 值为 0.910，量表的内部一致性达到可以接受的范围；真实性感知量表在经过删除不一致题项和二阶验证性因素分析后，量表的卡方/自由度比（X2/df）为 2.881，平均近似误差均方根（RMSEA）为 0.067，配适度指标

（GFI）、调整配适度指标（AGFI）、比较配适度指标（CFI）、非标准配适指标（NNFI）、渐增式配适指标（IFI）的值分别为0.951、0.919、0.966、0.954、0.967，真实性感知量表的整体拟合度较好。购物动机的Cronbach's Alpha值为0.908，量表的内部一致性达到可以接受的范围；购买动机量表在经过删除不一致题项和二阶验证性因素分析后，量表的卡方/自由度比（X2/df）为1.849，平均近似误差均方根（RM-SEA）为0.045，配适度指标（GFI）、调整配适度指标（AGFI）、比较配适度指标（CFI）、非标准配适指标（NNFI）、渐增式配适指标（IFI）的值分别为0.982、0.962、0.992、0.986、0.992，购买动机量表的整体拟合度较好。购买意愿的Cronbach's Alpha值为0.914，量表的内部一致性达到可以接受的范围；购买意愿量表的卡方/自由度比（X2/df）为0.213，平均近似误差均方根（RMSEA）为0，配适度指标（GFI）、调整配适度指标（AGFI）、比较配适度指标（CFI）、非标准配适指标（NNFI）、渐增式配适指标（IFI）的值分别为0.999、0.997、1.000、1.005、1.002，购买意愿量表的整体拟合度较好。

根据研究需要和规范，对相关题项删除后，本研究所设定的体验价值包括功利性价值、情绪性价值两个维度；地方依恋包含地方依赖、地方认同两个维度；真实性感知包括自然真实性、原创真实性、独特真实性、参照真实性四个维度，购买动机包含实用型购买动机、享乐型购买动机、情感型购买动机三个维度，本研究设定的变量及其维度通过信度和效度分析全部得到验证，说明研究设定的变量、维度及题项可以代表本研究需要调查的问题。鉴于真实性感知的维度有4个、购买动机的维度有3个，通过二阶验证性因素分析显示量表整体配适度良好，因此本研究在结构方程模型分析中直接运用真实性感知代替原来四个维度、用购买动机代替原来的三个维度进行分析，并与本研究提出的假设模型形成良好的一致性。

二、研究假设检验结果

本研究共提出了8个假设关系，根据前文路径分析可以看出各个变量之间的路径关系，其中功利性体验价值与地方依恋的路径系数为0.277，功利性体验价值与真实性感知的路径系数为0.297；情绪性体验价值与地方依恋的路径系数为0.648，情绪性体验价值与真实性感知的路径系数为0.493；地方依恋与购物动机的路径系数为0.425，地方依恋与购物意愿的路径系数为0.288；真实性感知与购物动机的路径系数为0.396，真实性感知与购物意愿的路径系数为0.293，P值均小于0.001。

根据路径分析结果，可以得出以下模型假设验证表（见表6-1）：

表6-1　本研究模型假设验证表

序号	研究假设	验证结果
H1	功利性体验价值 ⟶ 地方依恋	支持
H2	情绪性体验价值 ⟶ 地方依恋	支持
H3	功利性体验价值 ⟶ 真实性感知	支持
H4	情绪性体验价值 ⟶ 真实性感知	支持
H5	地方依恋 ⟶ 购物动机	支持
H6	地方依恋 ⟶ 购物意愿	支持
H7	真实性感知 ⟶ 购物动机	支持
H8	真实性感知 ⟶ 购物意愿	支持

从本研究路径分析结果和模型假设验证表中可以看出，本研究的6个变量间的P值均小于0.001，且路径系数均大于0.000，因此6个变量形成的8个关系均为显著正向影响，即本研究的8个假设H1—H8都得到了验证。根据验证结果，功利性体验价值对地方依恋有显著正向影响，情绪性体验价值对地方依恋有显著正向影响，功利性体验价值与情绪性体验价值为体验价值的两个维度，因此体验价值对地方依恋有显著正向影响（体验价值—地方依恋）；功利性体验价值对真实性感知有显著正向影响，情绪性体验价值对真实性感知有显著正向影响，功利性体验价值与情绪性体验价值为体验价值的两个维度，因此体验价值对真实性感知有显著正向影响（体验价值—真实性感知）。地方依恋对购物动机有显著正向影响，地方依恋对购物意愿（偏好）有显著正向影响，购物动机与购物意愿为购物行为意向的两个维度，因此地方依恋对购物行为意向有显著正向影响（地方依恋—购物行为意向）。真实性感知对购物动机有显著正向影响，真实性感知对购物意愿（偏好）有显著正向影响，购物动机与购物意愿为购物行为意向的两个维度，因此真实性感知对购物行为意向有显著正向影响（真实性感知—购物行为意向）。对于本研究得出的体验价值、地方依恋、真实性感知、购物行为意向间具有显著正向影响关系的结论与前人的研究结论的比较与分析，笔者在本文第五章进行了讨论。

三、研究模型检验结果

本研究基于S-O-R理论模型，构建了"体验价值—地方依恋/真实性感知—购物行为意向"研究模型，并结合海南槟榔谷民族旅游景区开展了实证研究。在本研究所有8个假设关系得到验证的基础上，还发现在民族旅游景区的游览中，景区提供并营造的民族原始风貌、民族历史文化、民族工艺技术、民族表演等整体环境，对旅游者的外在视觉与身体、内在心理与感知等均产生强烈的刺激（体验价值），在刺激的作用下促使旅游者的内在机体形成一系列对景区的认知、感知与判断等；旅游者在良好环境体验的刺激下，其自身基于休闲、享受、认知、认同等形成了愉悦、唤醒两种情绪，这两种情绪促使旅游者形成对景区的地方依恋和真实性感知；进而旅游者在愉悦情绪下基于特定功能依赖、情感认同等趋向于选择购物、在唤醒情绪下基于对民族文化的认可和对"真"感知激发购物行为意向。笔者在调查问卷的题项内容上进行设计，从问卷的结果中分析出旅游者上述的内在情绪变化。在本研究中通过路径分析还发现，体验价值对购物行为意向的直接路径影响系数明显小于体验价值作用下的地方依恋、真实性感知对购物行为意向的影响系数，这说明旅游者在游览体验价值影响下，通过自身内在的认知、感知、判断等形成的地方依恋、真实性感知是促成购物行为意向的重要因素，在民族旅游景区购物中游览体验价值并不直接对购物行为意向产生重大影响。"刺激—机体—反应"理论的整个流程和上述海南槟榔谷民族旅游景区的案例，凸显了在购物行为决策中，要时刻关注与高度重视可能引起旅游者主体内在变化的各类影响因素，并将做好这些因素的设定与服务作为影响购物行为意向的重要方式。从这些结果来看，本研究的结论与S-O-R（刺激—机体—反应）理论的结论具有一致性，说明本研究设定的"体验价值—地方依恋/真实性感知—购物行为意向"的变量及关系模型与S-O-R理论具有良好的适配性，本研究构建的模型得到良好的验证，并形成了实证结论：旅游者通过景区游览形成体验价值，体验价值显著正向影响地方依恋、真实性感知，并通过地方依恋、真实性感知对其购物行为意向产生显著正向影响。

第二节　理论及实践启示

本研究的相关研究结论，一方面拓展了旅游购物行为决策理论的相关内容，另一方面也给民族旅游景区更好发展旅游购物的管理实践提供了一些有价值的借鉴。

一、理论启示

本研究在行为决策理论方面在前人基础上继续拓展：一是与国内研究者运用S-O-R理论重点研究传统的顾客行为、消费者行为、网络消费行为或网络使用者行为等相比，本研究将心理学的S-O-R理论引入到具体且特定的民族旅游景区旅游购物行为研究中，将研究环境与人的关系引入到人的体验价值与购物行为意向的关系中研究，拓展和细化了S-O-R理论在行为决策理论尤其是购物行为决策研究领域的范围；二是相对于石美玉（2003）提出并运用"刺激—反应"模式来研究旅游者购物行为，以重点寻找、解释旅游者行为及其影响因素，本研究运用"刺激—机体—反应（S-O-R)"理论进一步深化，研究旅游者从刺激到反应过程中的、机体的心理与决策过程，即把"刺激—反应"理论中没有完全解释清楚的"心理与决策"作为研究内容的重要部分，将机体的心理与决策（地方依恋、真实性感知）作为结果变量研究其与前因变量刺激（体验价值）的关系，将机体的心理与决策（地方依恋、真实性感知）作为前因变量研究了其与结果变量反应（购物行为意向）的关系，丰富和推进了旅游购物行为的研究内容；三是本研究在前人研究基础上，关注到体验经济时代下体验的重要性，以及自由行逐步盛行的情况下影响个人行为决策的相关因素，在研究体验与行为决策的过程中，在体验价值与购物行为意向之间，基于对旅游者心理与决策的关注将其内在形成的心理学上的愉悦、唤醒情绪与地方依恋、真实性感知结合在一起，在民族旅游景区旅游购物行为研究方面构建了"体验价值—地方依恋/真实性感知—购物行为意向"的研究模型，形成并验证了这些变量在新模型中的应用，对今后运用这一研究模型和结论拓展研究其他领域的旅游者购物行为意向乃至消费行为意向具有良好的借鉴意义。

二、实践启示

民族旅游景区的旅游购物涉及旅游景区所在地政府、旅游景区、旅游经营企业、当地居民、旅游者，本研究基于S-O-R理论对民族旅游景区购物行为意向的研究结论，将对涉及这一领域的政府、企业、当地居民及旅游者提供一定管理与服务方面的实践启示。

（一）对民族旅游景区所在地政府的启示

地方政府是旅游景区规划、市场规划的规则制定者、产业引导者和运行监督者，发展民族旅游景区，促进民族旅游景区购物市场发展，既是政府为促进社会发展应当履行的重要职责，也是促使民族地区经济发展、实现精准扶贫的重要抓手。结合本研究结论，政府要规划好民族景区促进其购物市场的发展，可以从以下方面开展：

一是做好该区域民族旅游景区的规划工作，找准发展定位，提升民族旅游景区的体验价值与真实性感知，提高旅游吸引力。我国有56个民族，分布在全国不同省份，各民族形成了风格各异的风貌与服饰、文化与习俗以及各类技术与产品，不同民族特色具有不同的吸引力。政府在发展民族旅游景区时，应该将本地的民族特色资源与本省、全国的民族特色资源对比，集中打造民族风貌与村落保存良好、民族传统文化与技术深厚有传承和创新的旅游发展区域，在发展中依托原始居住环境等，在不破坏居住地、不破坏生态、不破坏当地传统文化与习俗的基础上进行集中性的规模发展，以促使旅游者在民族旅游景区能够直接地、更多地体验到自然、独特、真实的民族聚居环境、民族特色与文化、民族技术等，通过提升旅游者在景区的体验值提升其对景区的真实性感知，并形成地方依恋，进而提升购物行为意向。在规划中，政府要坚决防止在同一区域内没有特色、没有文化传承、重复性的发展同一类型的民族旅游景区或进行破坏性开发，尤其要注意对民族"真实性"的保护与构建，通过真实性感知水平提升旅游吸引力；

二是政府要关注和帮助民族旅游景区及当地居民做好少数民族非物质文化、民族文化与技术等的传承和创新工作，提升情绪性体验价值和地方认同。民族旅游景区的载体是民族村落、民族语言、民族服饰等，但民族旅游景区的核心吸引力是文化、技术的传承与创新，但不少民族的文化与技术在现代化的过程中逐步消失。地方政府应当设立专项资金，通过民族发展专项调研与科研、民族文化宣传与教育、民族技艺培训与传承、民族文化与技术展演与体验等方式，抢救、传播和传承民族文化与技术，尤其是非物质文化遗产，能够促使旅游者体验、感受到景区良好的环境与文化，在情绪性体验价值的导引下形成对民族旅游景区的地方依恋。

（二）对民族旅游景区与商品经营企业管理实践的启示

民族旅游景区的管理与运行、民族特色商品的制造与销售，一般都由景区与该商品的经营企业来承担。对于企业而言，在优先保证民族旅游景区有序发展的基础上逐步拓展更为良好的景区购物，应从以下方面持续努力：

一是以提升旅游者的体验价值为目标，做好景区的规划建设。景区经营企业要围绕民族特色资源，合理规划好民族文化展示与表演区、技巧展示与体验区、特色商品销售区、特色活动参与体验区以及配套的休闲区等相差区域的规划与建设工作，使旅游者能在一次完整的游览中感受到路线清晰、区域设计合理、景区展示重点有序、服务设施完善、游览时间合理，切实提升以功利性体验价值为主的旅游者体验价值，以促使旅游者能够在此基础上有良好的情绪性体验价值。

二是应通过展示、表演、参与、体验等多种形式综合展现景区的民族特色资源，促使旅游者积极形成地方依恋。民族旅游景区经营企业要以提升体验、提升功能依赖和情感认同为主要目标，设计优于其他景区的静态展示、动态体验和互动参与，促使旅游者能在景区的参观过程中通过视觉感觉、身体感受、心理感受达到对民族文化的感知和认同，促使其自觉将其作为其中的一分子，达到高度的地方依恋，并在感受民族特色的愉悦环境和愉悦情绪中形成购物行为意向。

三是在行销过程中，应通过更多的参与、体验与互动的环节，增强对商品的人工制造的认可和对商品的民族特色的真实性感知，唤醒旅游者更为积极的购物行为意向。在民族旅游景区的商品营销中，旅游经营企业应摒弃传统以功能为主、强迫式宣传的营销方式，尽最大努力弱化景区的商业范围，而应该根据旅游者更加关注商品的原始设计、手工制作、文化特征、传统工艺等包含的意义的特点，将商品营销与整个景区的氛围营造、文化宣传、技艺展示、互动参与等融合起来，提升整个景区的文化氛围与民族特征，并在特色的文化氛围影响下，促使旅游者通过体验形成对真实性的高度认可，并以此唤醒其主动选择购物。

四是大力增强景区的参与性、互动性，设计更多旅游者可直接参与的体验活动，促使旅游者提升对方依恋或真实性感知水平，从而提高购物行为意向。民族旅游景区一般以文化展示、表演居多，但参与性、互动性有限。在体验价值对地方依恋、真实性感知具有显著正向影响的作用下，民族旅游景区应尽可能多地开发可供旅游者参与或体验的项目，如各类民族服饰的体验与旅拍、特色商品的制作与体验、特色文化活动的参与，以此形成旅游者对整个景区的高水平的真实性感知和地方依恋。

五是旅游经营企业在发展民族旅游景区和购物时，应该让当地少数民族居民作为重要的因素参与其中。民族旅游景区建设在少数民族居住区范围内或周边，当地少数民族居民对民族的文化、习俗、技术、商品的历史渊源和特定制作方法及功效具有更深刻的认知和理解，让当地居民参与民族旅游景区的建设和发展当中，既可以保证和提升景区民族的"真实性"，更可以通过当地居民的宣传引导、交流互动增强旅游者的情感认可，形成对整个景区体验的高评价。另外，从利益者相关理论出发，景区发展也必须考虑当地居民的共同发展，旅游企业应该通过发展民族旅游景区推进特色旅游产业实现区域精准扶贫，促进民族地区共同发展。

第三节　研究局限

本研究在前人研究基础上，就民族旅游景区旅游者的旅游购物行为意向的影响机制进行分析研究，在研究中使用的是这一领域比较成熟的研究方法和分析工具，借鉴了相关的量表，尽最大限度保证研究的可靠性，也较好地实现了研究目的，但鉴于本人的研究水平、时间、财力等因素，仍存在一定的研究局限。

一、研究内容的局限

在对购物行为意向的研究中，为确保研究的有效性，在研究内容上选取的是民族旅游景区这一特定区域而不是针对所有旅游领域的购物行为意向；在影响因素的选择上，重点分析在体验价值影响下，旅游者形成的内在反应及其对购物行为意向的影响；在购物行为意向的界定上，主要研究购物动机、购物意愿（偏好），对购物满意度等没有涉及。因此，本研究在研究内容上具有局限性，是否可以推广到全部的旅游购物行为研究领域尚不清楚。

二、研究样本的局限

鉴于研究时间和财力有限，本研究选取海南槟榔谷黎苗文化景区作为民族旅游景区的代表和本研究样本收集的唯一区域，因此对其他省份民族旅游景区的研究是否会得出同样的研究结论尚无法预测，今后可以以此为方向拓展样本收集的范围。以上研究局限也是对未来研究的建议。

参考文献

[1] 白长虹. 西方的顾客价值研究及其实践启示. 南开管理评论,2001(2),51-55.

[2] 白凯,马耀峰. 旅游者购物偏好行为研究——以西安入境旅游者为例. 旅游学刊, 2007(11),52-27.

[3] 白凯,马耀峰,游旭群. 基于旅游者行为研究的旅游感知和旅游认知概念. 旅游科 学,2008(1),22-28.

[4] 保继刚,杨昀. 旅游商业化背景下本地居民地方依恋的变迁研究——基于阳朔西 街的案例分析. 广西民族大学学报(哲学社会科学版),2012(4),49-54.

[5] 曹国新. 解析中国旅游商品的市场失灵. 经济经纬,2005(2),78-79.

[6] 曹妍雪. 民族旅游游客体验真实性对满意度的影响研究. 未出版博士论文,西北 大学,2018.

[7] 曹宇飞. 快乐经济学视角下的旅游体验研究. 华北水利水电学院学报(社科版), 2011(5),105-107.

[8] 陈斌. 旅游购物未来发展趋势. 中国青年报,2017-5-25第8版.

[9] 陈钢华,黄远水. 国外旅游购物研究综述——ATR 和 TM 反映的学术态势. 旅游学 刊,2007(12),88-92.

[10] 陈素平,成慕敦. 基于 S-O-R 模型系统的单身女性休闲旅游消费行为分析. 贵州 社会科学,2016(3),154-162.

[11] 陈伟军,孙习祥. 绿色品牌真实性感知对消费者购买意愿的影响——以绿色化 妆品为例. 消费经济,2017(2),79-84.

[12] 陈向明. 质的研究方法与社会科学研究. 北京:教育科学出版社,2004.

[13] 陈晓萍等. 组织管理研究的实证方法. 北京:北京大学出版社,2010.

[14] 程栈,周强,赵宁曦. 情境满意度对旅游者购物行为的影响研究——以黄山市屯 溪老街为例. 特区经济,2008(1),192-194.

[15] 崔玲萍. 旅游购物中存在的问题及对策. 商业时代,2006(15),83-84.

[16] 戴永明. 基于游客感知的古村落真实性研究——以西递和宏村为例. 未出版硕

士论文,浙江大学,2012.

[17] 邓丽娟.张家界游客购买土特产品的购物行为研究.经济与社会发展,2011(2),28-32.

[18] 邓敏敏.2015年中国旅游业统计公报显示旅游业综合贡献占GDP总量的10.8%.中国旅游报,2016-10-19第1版.

[19] 邓永成.商品真实性的社会建构.商业文化(学术版),2011(12),289-293.

[20] 邓永进.民族旅游研究.天津:南开大学出版社,2009.

[21] 邓祖涛,梁滨,毛焱.湿地游客环境负责任行为研究——以武汉东湖为例.旅游论坛,2016(3),43-49.

[22] 范静,万岩,黄柳佳.基于刺激—机体—回应(SOR)理论的推荐者社交网站效果研究.上海管理科学,2014(1),51-54.

[23] 范钧等.旅游地意向、地方依恋与旅游者环境责任行为——以浙江省旅游度假区为例.旅游学刊,2014(1),55-66.

[24] 范莉娜,周玲强,李秋成,叶顺.三维视域下的国外地方依恋研究述评.人文地理,2014(4),24-30.

[25] 范秀成,罗海成.基于顾客感知价值的服务企业竞争力探析.管理评论,2003(6),41-45.

[26] 范云路.三亚旅游者购物决策行为的影响因素研究.未出版硕士论文,广西大学,2014.

[27] 方征.顾客体验价值理论研究综述.统计与决策,2007(14),135-137.

[28] 冯甫甫、崔丽娟.从恢复体验到地方依恋:环境偏好与居住时长的作用.心理科学,2017(5),1215-1221.

[29] 高东方.三亚发展旅游购物软环境研究.现代经济信息,2012(10),300-301.

[30] 葛鲁嘉.体证和体验的方法对心理学研究的价值.华南师范大学学报(社会科学版),2006(4),116-121.

[31] 耿旭.老年旅游消费行为研究.未出版硕士论文,辽宁师范大学,2009.

[32] 管婧婧.试论体验经济下的特色化旅游购物体系——兼与袁国宏先生商榷.北京第二外国语学院学报,2005(1),92-95.

[33] 管荣伟.基于S-O-R模型的网购服装感知价值提升路径研究.纺织导报,2013(6)116-118.

[34] 郭菁华,左小明.基于S-O-R理论模型的零售卖场环境管理.商业经济研究,2016(2),53-55.

[35] 郭婷婷.《2016中国旅游业发展报告》在汉发布中国大陆全球旅游竞争力位列

17. http://hb.people.com.cn/n2/2016/1106/c337099-29261400.html

[36] 贺爱忠,龚婉琛.网上商店购物体验对顾客行为影响的实证研究.北京工商大学学报(社会科学版),2010(2),43-47.

[37] 贺爱忠,李希凤.零售商店绿色产品类别对消费者惠顾意愿的影响研究.商业经济与管理,2016(2),5-17.

[38] 胡旺盛,谭晓琳,潘理权.古镇旅游真实性感知对游客行为意向影响研究——以安徽三河古镇为例.财贸研究,2014(6),138-144.

[39] 胡孝平,顾文君.基于IPA分析法的旅游景区购物满意度提升研究——以常熟市尚湖风景区为例.常熟理工学院学报(哲学社会科学),2014(3),101-107.

[40] 胡彦蓉,刘洪久.顾客体验价值影响因素研究——以星巴克咖啡为例.统计与信息论坛,2013(3),107-112.

[41] 黄鹂.旅游体验与景区开发模式.兰州大学学报(社会科学版),2004(6),104-108.

[42] 黄鹂,李启庚,贾国庆.旅游购物体验要素对顾客价值及其满意和购买意向的影响.旅游学刊,2009(2),41-45.

[43] 黄涛,刘晶岚.长城国家公园游客环境友好行为意愿的影响研究——地方依恋的中介作用.中南林业科技大学学报(社会科学版),2017(5),70-75.

[44] 黄向,保继刚、Wall Geoffreg.场所依赖(place attachment):一种休憩行为现象的研究框架.旅游学刊,2006(9),19-24.

[45] 黄颖.古镇游客间互动、体验价值及满意度的关系研究.未出版硕士论文,浙江大学,2014.

[46] 霍俊杰.大型超市零售环境对顾客感知及购物行为影响的实证研究.未出版硕士论文,浙江大学,2014.

[47] 纪红叶.游客感知价值、地方依恋与环境负责行为的关系研究——以南京钟山风景区为例.未出版硕士论文,南京农业大学,2017.

[48] 江春娥,黄成林.九华山游客地方依恋与游后行为研究.云南地理环境研究,2011(1),71-75.

[49] 江璐虹.遗产地旅游形象影响因素及其作用机理研究——以丝绸之路遗产廊道典型遗产地为例.未出版硕士论文,北京第二外国语学院,2017.

[50] 蒋冰华.旅游商品的特点和分类研究.安阳师范学院学报,2005(3),60-62.

[51] 蒋廉雄,卢泰宏.形象创造价值吗?——服务品牌形象对顾客价值—满意—忠诚关系的影响.管理世界,2006(4),106-114.

[52] 蒋婷.体验视角下顾客间互动对再惠顾意愿的影响研究——以团队游客为例.

未出版硕士论文,山东大学,2012.

[53] 蒋夏莲.旅游购物安全影响因素的研究.未出版硕士论文,华侨大学,2016.

[54] 金炳镐.试论马克思主义民族定义的产生及其影响.中央民族大学学报,1984
(3),64-67.

[55] 李爱梅,李连奇,凌文轻.积极情绪对消费者决策行为的影响评述.消费经济,
2009(3),39-42.

[56] 李兵.我国旅游景区提升游客购物体验的路径探讨.企业活力,2008(5),46-47.

[57] 李成成.感官消费:生活美学体验经济兴起.企业家日报,2013-12-30第7版.

[58] 李建州,范秀成.三维度服务体验实证研究.旅游科学,2006(2),54-59.

[59] 李江敏.环城游憩体验价值与游客满意度及行为意向的关系研究.未出版博士
论文,中国地质大学,2011.

[60] 李娟.基于旅游者感知的红色旅游体验价值研究.未出版硕士论文,湖南师范大
学,2012.

[61] 李梅.试论旅游购物体验对顾客满意度及购买意向的影响.企业导报,2015(4),
106-107.

[62] 李敏.旅游景区控制性详细规划指标体系研究.未出版硕士论文,西北大学,
2006.

[63] 李能斌,陈金华,高伟雯.鼓浪屿旅游者的地方依恋元素与强度分析.广西经济
管理干部学院学报,2016(2),69-74.

[64] 李启庚,余明阳.品牌体验价值对品牌资产影响的过程机理.系统管理学报,
2011(6),744-751.

[65] 李幼瑶.主题公园消费体验、体验价值和行为意向关系的研究.未出版硕士论
文,浙江大学,2007.

[66] 黎洁,赵西萍.美国游客对西安的感知研究.北京第二外国语学院学报,2000
(1),51-56.

[67] 梁日杰.商品消费与美学体验研究.中国商贸,2010(6),236-237.

[68] 梁学成,郝索.对国内旅游者的旅游商品需求差异性研究——以西安市旅游商
品市场为例.旅游学刊,2005(4),51-55.

[69] 刘恺.世界经济论坛发布《2015年旅游产业竞争力报告》.http://www.mofcom.gov.
cn/article/i/jyjl/m/201505/20150500985392.shtml.

[70] 刘斯会.《中国人的旅游消费账单:全球旅游消费报告2017》.http://www.ce.cn/
culture/gd/201706/28/t20170628_23900379.shtml.

[71] 刘新伟.体验营销与冲动性购买行为的关系研究——以大连家居建材商店为研

究样本.未出版硕士论文,东北财经大学,2011.

[72] 刘燕.乡村旅游景区的营销策略分析.现代营销(下旬刊),2017(9)185.

[73] 刘烨.中国消费者在不同平台上的购物动机与购物行为研究.未出版硕士论文,清华大学,2012.

[74] 柳艳超,权东计,吴立周.城市居民游憩的地方依恋研究——以大明宫国家遗址公园为例.山东农业大学学报(自然科学版),2017(1),126-133.

[75] 卢泰宏,杨晓燕,张红明.消费者行为学.北京:高等教育出版社,2005.

[76] 卢天玲.社区居民对九寨沟民族歌舞表演的真实性认知.旅游学刊,2007(10),89-94.

[77] 卢婉莹.历史文化街区的游客真实性感知研究.未出版硕士论文,广东工业大学,2016.

[78] 卢纹岱.Spss for windows统计分析.北京:电子工业出版社,2006.

[79] 罗峰.发展购物旅游典型城市经验及其对海宁市的启示——兼论海宁市皮革城购物旅游建设路径.产业与科技论坛,2008(11),114-116.

[80] 骆高远.福建土楼的旅游价值及其保护.经济地理,2010(5),849-853.

[81] 吕明红.游憩者活动涉入、环境感知与地方依恋关系研究——以西湖群山登山者为例.未出版硕士论文,浙江工商大学,2012.

[82] 吕晓燕,赵毅.关于发展"体验旅游购物"的思考.消费经济,2006(1),61-64.

[83] 马进甫.国内旅游购物研究综述.北京第二外国语学院学报,2006(9),9-14.

[84] 马颖杰,杨德锋.服务中的人际互动对体验价值形成的影响——品牌价值观的调节作用.经济管理,2014(6),86-98.

[85] 苗学玲.旅游购物系统研究.未出版硕士论文,陕西师范大学,2002.

[86] 闵祥晓,陈秋帆,朱品瑜.中山市游客地方依恋特征及影响因素调查.中国市场,2015(43),189-191.

[87] 闵宗陶,权利霞.体验:一种经济学的解读.经济学家,2003(6),101-106.

[88] 裴萱.美学"体验结构"在消费时代的变迁.洛阳师范学院学报,2013(4),32-36.

[89] 钱树伟,苏勤,郑焕友.历史街区顾客地方依恋与购物满意度的关系——以苏州观前街为例.地理科学进展,2010(3),355-362.

[90] 钱树伟,苏勤,祝玲丽.历史街区旅游者地方依恋对购物行为的影响分析——以屯溪老街为例.资源科学,2010(1),98-106.

[91] 钱伟祥.历史文化街区游客涉入与地方依恋的关系研究——以绍兴书圣故里为例.未出版硕士论文,浙江工商大学,2015.

[92] 钱益春,文静.旅游购物投诉现象分析及对策研究.商场现代化,2006(4),206-

207.

[93] 秦兆祥.草原旅游地居民地方依恋与情感保护——以鄂尔多斯草原旅游区为例.内蒙古师范大学学报(哲学社会科学版),2017(4),140-145.

[94] 任红.邮轮旅游体验价值对旅游者重游意愿影响的实证研究.未出版硕士论文,兰州财经大学,2015.

[95] 阮文奇等.旅游社区居民地方依恋与社区营造:基于态度—行为理论.小城镇建设,2017(2),89-95.

[96] 申光龙,彭晓东,秦鹏飞.虚拟品牌社区顾客间互动对顾客参与价值共创的影响研究——以体验价值为中介变量.管理学报,2016(12),1808-1816.

[97] 沈文星.体验式智慧旅游研究:建构主义视角.未出版博士论文,武汉大学,2014.

[98] 石美玉.中国旅游购物研究.未出版博士论文,中国社会科学院,2003.

[99] 石美玉.关于旅游购物研究的理论思考.旅游学刊,2004(1),32-36.

[100] 石美玉.旅游购物市场的产业组织学分析(下).商业时代,2005(36),59-60.

[101] 石美玉.旅游者购物行为研究.旅游学刊,2005(5),70-75.

[102] 石美玉.从旅游购物视角看旅游与其他产业的融合.旅游学刊,2011(5),10-11.

[103] 石青辉.居民旅游购物行为影响因素及管理机制研究.湖南商学院学报(双月刊),2017(1),115-120.

[104] 宋春红,苏敬勤.服务质量、顾客价值及顾客满意对顾客忠诚影响的实证检验.统计与决策,2008(19),182-184.

[105] 宋繁.紫鹊界农业文化遗产地游客体验价值研究.未出版硕士论文,中南林业科技大学,2015.

[106] 宋嘉莹等."好评返现"对用户感知评论真实性及购买意愿的影响.北京邮电大学学报(社会科学版),2017(3),12-22.

[107] 苏嘉杰.顾客体验价值与酒店服务质量研究.未出版硕士论文,华东师范大学,2005.

[108] 苏伟.前景理论视角的网络购物消费体验模式研究.未出版硕士论文,哈尔滨理工大学,2012.

[109] 孙乃娟,卢强,李辉.体验价值驱动下网购顾客公民行为形成机制研究.财经论丛,2016(3),70-77.

[110] 孙媛媛.关中帝陵景区游客体验研究.山东师范大学学报(自然科学版),2017(3),91-100.

[111] 谭艳.旅游景区酒店顾客体验价值增进路径探析.企业经济,2015(2),144-

147.

[112] 谭晓丽,张晓英.大数据视角下的消费行为.全国流通经济,2017(24),10-11.

[113] 唐文跃.地方感研究进展及进展基研究框架.旅游学刊,2007(11),70-77.

[114] 唐文跃,张捷,罗浩,卢松,杨效忠.古村落居民地方依恋与资源保护态度的关系——以西递、宏村、南屏为例.旅游学刊,2008(10),87-92.

[115] 汤澍,汤淏,陈玲玲.深度休闲、游憩专门化与地方依恋的关系研究——以紫金山登山游憩者为例.生态经济,2014(12),96-103.

[116] 陶伟,陈慧灵,蔡水清.岭南传统民俗节庆重构对居民地方依恋的影响——以广州珠村乞巧节为例.地理学报,2014(4),553-565.

[117] 万基财,张捷,卢韶婧,李莉.九寨沟地方特质与旅游者地方依恋和环保行为倾向的关系.地理科学进展,2014(3),411-421.

[118] 汪灿.老年旅游者购物行为特征初探.企业家天地(下半月刊),2014(6),11-12.

[119] 王东昊.基于居民地方依恋的婺源古村落旅游资源保护研究.未出版硕士论文,江西财经大学,2013.

[120] 王洪滨.旅游学概论.北京:中国旅游出版社,1997.

[121] 王江哲,王刚,李维维.观光旅游者地方依恋、满意度与忠诚度间关系研究.地域研究与开发,2017(5),115-120.

[122] 王婧.旅游文化创意园区游憩体验、满意度与场所依恋关系研究——以东郊记忆为例.未出版硕士论文,西南财经大学,2016.

[123] 王婧,吴承照.遗产旅游真实性感知测量方法研究进展.现代城市研究,2014(2),110-120.

[124] 王坤,黄震方,方叶林,张红霞.文化旅游区游客涉入对地方依恋的影响测评.人文地理,2013(3),135-141.

[125] 王锡秋.顾客价值及其评估方法研究.南开管理评论,2005(5),31-34.

[126] 王永贵,马双,孙彬.自我决定感在顾客互动与社区满意间的中介作用——基于S-O-R理论和自我决定理论的实证研究.山西财经大学学报,2012(8),99-107.

[127] 魏华飞,王宗潮,"风波庄"侠文化主题餐饮体验营销研究——基于体验经济学视角分析.消费导刊,2009(10),66-67.

[128] 魏守波,程岩.虚拟氛围对在线消费者冲动购买意向影响的实证研究.系统管理学报,2012(4),531-539.

[129] 吴娇.基于符号学的乡村旅游真实性感知研究——以南京高淳区为例.未出版

硕士论文,南京师范大学,2015.

[130] 吴丽娟. 基于S-O-R模型的服装网络购买意愿理论框架的建立. 现代丝绸科学与技术,2012(5),190-194.

[131] 吴明隆. 问卷统计分析实务. 重庆:重庆大学出版社,2010.

[132] 吴晓隽. 文化遗产旅游的真实性困境研究. 思想战线,2004(2),82-87.

[133] 吴忠才. 旅游活动中文化的真实性与表演性研究. 旅游科学,2002(2),15-18.

[134] 向坚持,徐立红,钟灵. 基于体验价值的传统百货商场O2O模式构建. 商业经济研究,2015(2),76-78.

[135] 谢欣. 国家旅游局副局长吴文学:购物环节成国内旅游业短板 http://www.nbd.com.cn/articles/2016-05-26/1008130.html.

[136] 谢彦君. 旅游体验研究. 北京:中国旅游出版社,2010.

[137] 徐佳,李东. 近十年国内购物旅游研究综述. 贵州商业高等专科学校学报,2014(4),15-18.

[138] 徐嵩龄. 遗产原真性·旅游者价值观偏好·遗产旅游原真性. 旅游学刊,2008(4),35-42.

[139] 徐伟,景奉杰. 经济型酒店顾客价值与顾客满意、行为意向的关系研究. 河北经贸大学学报,2008(4),81-86.

[140] 徐伟,汤筱晓,王新新. 老字号真实性消费态度与购买意向. 财贸研究,2015(3),133-141.

[141] 徐伟,王新新. 旅游真实性感知及其与游客满意、行为意向的关系——以古村落旅游为例. 经济管理,2011(4),111-117.

[142] 徐孝娟等. S-O-R理论视角下的社交网站用户流失行为实证研究. 情报杂志,2017(7),188-194.

[143] 徐雪. 外来经营者地方依恋与文化遗产保护关系探究——以丽江古城为例. 未出版硕士论文,昆明理工大学,2016.

[144] 许燕. 关系强度、社会互动与农民购买商业养老保险意愿——基于修订的S-O-R模型. 保险研究,2016(4),84-89.

[145] 晏国祥. 消费者行为理论发展脉络. 经济问题探索,2008(4),31-36.

[146] 杨晨. 我市加快打造旅游商品强市——三年内将培育一个4A级(购物)旅游景区万种特色旅游商品. 湖州日报,2015-12-2第2版.

[147] 杨昀,保继刚. 旅游社区外来经营者地方依恋的特征分析——以阳朔西街为例. 人文地理,2012(6),81-86.

[148] 杨艳. 基于SOR模型的女性旅游者购买决策研究. 旅游管理研究,2014(2),47-

59.

[149]　杨露.购物旅游产业竞争力研究——以浙江省义乌市为例.未出版硕士论文,
　　　　浙江师范大学,2013.

[150]　杨洋.国内外旅游者购物研究综述.乐山师范学院学报,2012(2),68-72.

[151]　杨勇,范方志.同质化、信息不对称与旅游纪念品市场.新余高专学报,2006
　　　　(1),41-43.

[152]　阳信芬.农家乐游客体验价值、满意度与行为倾向的关系研究.未出版硕士论
　　　　文,四川农业大学,2015.

[153]　姚琦,王佳丽.内部购物环境中员工制服颜色对消费者购买意愿的影响.企业
　　　　经济,2016(8),54-62.

[154]　姚太平.主题公园游客体验价值与满意度实证研究.未出版硕士论文,西南交
　　　　通大学,2011.

[155]　叶晓茵.互动感知、体验价值对社交网站用户参与行为的影响研究.未出版硕
　　　　士论文,华侨大学,2015.

[156]　余及斌.生态旅游涉入、地方依恋与环境负责任行为关系研究——以西溪湿地
　　　　为例.未出版硕士论文,浙江大学,2015.

[157]　余向洋,沙润,程娜.旅游购物体验实证研究——以屯溪老街为例.资源开发与
　　　　市场,2008(8),737-737.

[158]　俞金国,王丽华.国内外旅游购物进展研究.人文地理,2007(1),12-16.

[159]　张蓓佳.基于SOR理论的网络退货政策宽松度对消费者购买意愿影响机理研
　　　　究.消费经济,2017(1),83-89.

[160]　张成杰.旅游景区游客体验价值评价研究.未出版硕士论文,暨南大学,2006.

[161]　张凤超,尤树洋.体验价值结构维度模型的比较研究.消费经济,2009(4),40-
　　　　43.

[162]　张凤超,尤树洋.顾客体验价值结构维度:DIY业态视角.华南师范大学学报(社
　　　　会科学版),2009(4),108-113.

[163]　张敏,唐国庆,张艳.基于S-O-R范式的虚拟社区用户知识共享行为影响因素分
　　　　析.情报科学,2017(11),149-155.

[164]　张明立,樊华,于秋红.顾客价值的内涵、特征及类型.管理科学,2005(2),71-
　　　　77.

[165]　张汝飞,赵彦云.中国旅游业国际竞争力评价分析.现代管理科学,2014(11),
　　　　3-5.

[166]　张腾飞.全球自由行报告2015:中国市场增速为全球3倍.http://travel.gmw.cn/

2015-12/30/content_18297499.htm

[167] 张文萍. 重庆古镇旅游真实性居民感知实证研究. 现代商贸工业,2014(9),39-40.

[168] 张信务. 参观动机、正向思考、体验价值与行为意向关系之研究——以鼻头角社区学习站为例. 未出版博士论文,台北教育大学,2016.

[169] 张野. 旅行式休闲:关于旅游本质问题的新思考. 中国图书评论,2016(3),62-70.

[170] 张玉鲁. S-O-R模型在服装网络消费行为研究中的应用. 国际纺织导报,2011(8),78-82.

[171] 张朝枝. 原真性理解:旅游与遗产保护视角的演变与差异. 旅游科学,2008(1),1-8.

[172] 赵红梅,李庆雷. 回望"真实性"(Authenticity)(上)——一个旅游研究的热点. 旅游学刊,2012(4),11-20.

[173] 赵红梅,董培海. 回望"真实性"(Authenticity)(下),旅游学刊,2012(5),14-22.

[174] 赵宇娜. 网站环境特征对消费者冲动购买的影响研究. 未出版博士论文,吉林大学,2010.

[175] 中国旅游研究院.《中国旅游景区发展报告(2016)》. http://www.sohu.com/a/119005261_119047.

[176] 周芳. 餐饮连锁业顾客体验价值影响因素实证研究. 未出版硕士论文,湖南大学,2009.

[177] 周慧玲,许春晓. 旅游者"场所依恋"形成机制的逻辑思辩. 北京第二外国语学院学报,2009(1),22-26.

[178] 朱竑,刘博. 地方感、地方依恋与地方认同等概念的辨析及研究启示. 华南师范大学学报(自然科学版),2011(1),1-8.

[179] Alison, J. M. & Richard, C. P.. Affirming authenticity:Consuming cultural heritage. Annals of Tourism Research,1999(3),589-612.

[180] Anwar, S. A. & Sohail, M. S. Festival tourism in the United Arab Emirates:First-time versus repeat visitor perceptions. Journal of Vacation Marketing,2004(2),161-170.

[181] Babin, B. J. & Darden, W. R. & Griffin, M. Work and/or fun:Measuring hedonic and utilitarian shopping value. Journal of Consumer Research,1994(4),644-656.

[182] Belhassen, Y, Caton, K. & Stewart, P. W. The search for authenticity in the Pilgrim experience. Annals of Tourism Research,2008(3),668-689.

[183] Bellizzi, J. A. & Hite, R. E. Environmental Color, Consumer Feelings, and Purchase Likelihood. Psychology & Marketing, 1992(5), 347–363.

[184] Bricker, K. & Kerstetter, D. Level of specialization and place attachment: an exploratory study of white water recreationists. Leisure Sciences, 2000(4), 233–257.

[185] Card, J. A., Chen, C. & Cole, S. T. Online travel products shopping: Differences between shoppers and nonshoppers. Journal of Travel Research, 2003(2), 133–139.

[186] Cary, S. H. The tourist moment. Annals of Tourism Research, 2004(1), 61–77.

[187] Cheng, C. & Chen, Y. Classifying the segmentation of customer value via RFM model and RS theory. Expert Systems with Applications, 2009(3), 4176–4184.

[188] Chhabra, D., Healy, R. & Sills, E. Staged authenticity and heritage tourism. Annals of Tourism Research, 2003(3), 702–719.

[189] Cohen, E. The sociology of tourism: Approaches, issues, and findings. Annual Review of Sociology, 1984(1), 373–392.

[190] Cohen, E. Authenticity and commoditization in tourism. Annals of Tourism Research, 1988(3), 371–386.

[191] Cohen, E. Traditions in the qualitative sociology of tourism. Annals of Tourism Research, 1988(1), 29–46.

[192] Cohen-Hattab, K. & Kerber, J. Literature, cultural identity and the limits of authenticity: A composite approach. International Journal of Tourism Research, 2004(2), 57–73.

[193] Copeland, M. T. Relation of consumers buying habits to marketing methods. Harvard Business Review, 1923(3), 282–289.

[194] Crang, M. Magic kingdom or a quixotic quest for authenticity. Annals of Tourism Research, 1996(2), 415–431.

[195] Cronin, J. J., Brady, M .K. & Hult, G. T. M. Assessing the effects of quality, value, and customer satisfaction on consumer behavioral intentions in service environments. Journal of Retailing, 2000(2), 193–218.

[196] Csikszentmihalyi, M. & Csikszentmihalyi, I. S. Optimal experience: Psychological studies of flow in consciousness. London: Cambridge university press, 1992.

[197] Dann, G. & Cohen, E. Sociology and tourism. Annals of Tourism Research, 1991(1), 155–169.

[198] Donovan, R. & Rossiter, J. R. Store atmosphere: An environmental psychology. Journal of Personality and Social Psychology, 1982(58), 34–57.

［199］ Douglas, G. & Pearce. Tourist districts in Paris: structure and functions. Tourism Management, 1998(1), 49–65.

［200］ Eccles, J. S, Wigfield, A. & Schiefele. Motivation to succeed. handbook of child psychology. New York Willey, 1998(2), 134–155.

［201］ Erik. & Cohen. Touristic craft ribbon development in Thailand. Tourism Management, 2006(5), 899–900.

［202］ Eroglu, S. A, Machleit, K. A. & Davis, L. M. Atmospheric qualities of online retailing: a conceptual model and implications. Journal of Business Research, 2001(2), 177–184.

［203］ Eroglu, S. A, Machleit, K. A. & Davis, L. M. Empirical Testing of a Model of Online Store Atmospherics and Shopper Responses. Psychology & Marketing, 2003(2), 139–150.

［204］ Feather, N. T. Values, valences, expectations and actions. Soe Issues, 1992, 48, 109–124.

［205］ Finn, A. & Erdem, T. The economic impact of a megamultimall: estimation issues in the case of West Edmonton Mall. Tourism Management, 1995(5), 367–373.

［206］ Flelry-bahi, G., Lise-felosseal, B. & Viarchand, D. Processes of plane identification and residential satisfaction. Environment and Behavior, 2008(5), 669–682.

［207］ Fornell, C. A national customer satisfaction barometer: The Swedish experience. The Journal of Marketing, 1992(1), 6–21.

［208］ Forbis, J. L. & Nitin, T. M. Value-based strategies for products industrial. Business Horizons, 1981, 24, 32–42.

［209］ Gale, B. & Wood, R. C. Managing customer value: Creating quality and service that customers can see. New York: Simon & Schuster, 1994.

［210］ Getz, D. Tourist shopping villages: development and planning strategies. Tourism Management, 1993(1), 15–26.

［211］ Gosling, E. & Williams, K. Connectedness to nature, place attachment and conservation behavior: testing connectedness theory among farmers. Journal of Environmental Psychology, 2010(3), 298–304.

［212］ Gospodisi, A. L. Than morphology and place identity in European cities: built heritage and innovative design. Journal of Lrhan Design, 2004(2), 225–248.

［213］ Goulding, C. The commodification of the past, postmodern pastiche, and the search for authentic experiences at contemporary heritage attractions. European Journal of

Marketing,2000(7),835−853.

[214] Grönroos,C. Service management and marketing: Managing the moments of truth in service competition − Jossey−Bass. Maryland: Lexington Books,1990.

[215] Gross,M. J. & Brown,G. Tourism experiences in a lifestyle destination setting: The roles of involvement and place attachment. Journal of Business Research,2006(6), 696−700.

[216] Guillou,M. The social construction of water resources. Pratiques Psyohologiques, 2011(3),219−236.

[217] Gustafson,P. Roots and routes. Exploring the place attachment and mobility. Environment and Behavior,2001(5),667−686.

[218] Ha,Y. & Lennon,S. J. Effects of site design on consumer emotions: role of product involvement. Journal of Research in Interactive Marketing,2010(2),80−96.

[219] Haemoon,O. Diners perceptions of quality,value,and satisfaction: A practical viewpoint. The Cornell Hotel and Restaurant Administration Quarterly,2000(3),585−566.

[220] Hay,R. Sense of place in developmental context. Journal of Environmental Psychology,1998(1),15−29.

[221] Henderson,K,& King,K. Youth spaces and places: case studies of two teen clubs. Journal of Park Recreation Administration,1999(2),28−41.

[222] Heung,V. & Cheng,E. Assessing tourists satisfaction with shopping in the Hong Kong special administrative region of China. Journal of travel Research,2000(4), 396−404.

[223] Hidalgo,M,& Hernandez,B. Place attachment: conceptual an empirical questions. Journal of Environmental Psychology,2001(21),273−281.

[224] Himawan,G. & Chow,K. B. Demand elasticities of tourism in Singapore. Tourism Management,1986(4),239−253.

[225] Hitch,T. K. Hawaii−Island paradise with economic potential. Business Horizons, 1959(5),85−92.

[226] Hogman,D. L. & Novak,T. P. Marketing in hypermedia computer mediated environment: conceptual foundations. Journal of Marketing,1996(3),50−68.

[227] Holbrook,M. B. & Hirschman,E. C. The experiential aspects of consumption: Consumer fantasies,feelings,and fun. Journal of Consumer Research,1982(2),132−140.

[228] Holbrook, M. B. & Kuwahara, T. Probing explorations, deep displays, virtual reality, and profound insights: The four faces of stereographic three-dimensional images in marketing and consumer research. Advances in Consumer Research, 1999, 26, 240–250.

[229] Holt, D. B. Why do brands cause trouble? A dialectical theory of consumer culture and branding. Journal of Consumer Research, 2002(1), 70–90.

[230] Hou, L. & Tang, X. Gap model for dual customer values. Tsinghua Science & Technology, 2008(3), 395–399.

[231] Hsieh, A. & Chang, J. Shopping and tourist night markets in Taiwan. Tourism Management, 2006(1), 138–145.

[232] Hu, B.& Yu, H. Segmentation by craft selection criteria and shopping involvement. Tourism Management, 2007(4), 1079–1092.

[233] Hughes, G. Authenticity in tourism. Annals of Tourism Research, 1995(4), 789–797.

[234] Jansen-Verbeke, M. Leisure shopping: A magic concept for the tourism industry. Tourism Management, 1991(1), 9–14.

[235] Jacquelynne, S., Eccles. & Allan, W. Motivational beliefs, values and goals. Annual Review of Paychology, 2002, 53, 109–132.

[236] Jorgensen, B, & Stedman, R. A comparative analysis of predictors of sense of place dimensions: attachment to, dependence on, and identification with lakeshore properties. Journal of Environmental Management, 2006(3), 316–327.

[237] Juan-Vigaray, M. D., Sarabia-Sánchez, F. J. & Garau-Vadell, J. B. The acculturation of international residential tourists and their shopping behaviours. Tourism Management, 2013(36), 115–118.

[238] Kates, S. M. & Goh, C. Brand morphing-implications for advertising theory and practice. Journal of Advertising, 2003(1), 59–68.

[239] Keown, C. F. A model of tourists' propensity to buy: The case of Japanese visitors to Hawaii. Journal of Travel Research, 1989(3), 31–34.

[240] Kim, S. & Littrell, M. A. Souvenir buying intentions for self versus others. Annals of Tourism Research, 2001(3), 638–657.

[241] Kisang, Ryua. & Heesup. The relationships among overall quick-casual restaurant image, perceived value, customer satisfaction, and behavioral intentions. International Journal of Hospitality Management, 2008, 27, 459–469.

[242] Kolar, T. & Zabkar, V. A consumer-based model of authenticity: an oxymoron or the foundation of cultural heritage marketing? Tourism Management, 2010(5), 652-664.

[243] Kozinets, R. V. Utopian enterprise: Articulating the meanings of star trek's culture of consumption. Journal of Consumer Research, 2001(1), 67-88.

[244] Ksez, I. Attachment and identity as related to a place and its perceived climate. Journal of Environmental Psychology, 2005(2), 207-218.

[245] Kyle, G.T., Graefe, A. & Manning, R Testing the dimensionality of place attachment in recreational settings. Environment and Behavior, 2005(2), 153-177.

[246] Kyle, G.T., Absher, J, & Raefe, A. The moderating role of plane attachment on the relationship between attitudes toward fees and spending preferenoes. Leisure Sciences, 2003(1), 33-50.

[247] Kyle, G.T., Grafe, A. & Manning, R. Predictors of behavioral loyalty among hikers along the Appalachian Trail. Leisure Sciences, 2004(1), 99-118.

[248] Kyle, G. T., Mowen, A.J. & Tarrant, M. Linking place preferences with place meaning: An examination of the relationship between place motivation and place attachment. Journal of Environmental Psychology, 2004(4), 439-454.

[249] Lalli, M. . Erban-related identity: theory, measurement, and empirical findings. Journal of Environmental Psychology, 1992(4), 285-303.

[250] Lapierre, J. Customer-perceived value in industrial contexts. Journal of Business & Industrial Marketing, 2000(2), 122-145.

[251] Laurie, Murphy, Gianna, Moscardo. & Pierre. Evaluating tourist satisfaction with the retail experience in a typical tourist shopping village. Journal of Retailing and Consumer Services, 2011(7), 302-310.

[252] Law R. & Au, N. Relationship modeling in tourism shopping: A decision rules induction approach. Tourism Management, 2000(3), 241-249.

[253] Lee, C. C. Predicting tourist attachment to destinations. Annals of Tourism Research, 2001(1), 229-232.

[254] Lee, C., Yoon, Y. & Lee, S. Investigating the relationships among perceived value, satisfaction, and recommendations: The case of the Korean DMZ. Tourism Management, 2007(1), 204-214.

[255] Leigh, T.W., Peters, C. & Shelton, J. The consumer quest for authenticity: The multiplicity of meanings within the MG subculture of consumption. Journal of the Acade-

my of Marketing Science,2006(4),481-493.

[256] Littrell, M. A., Anderson, L. F. & Brown, P. J. What makes a craft souvenir authentic. Annals of Tourism Research,1993(1),197-215.

[257] Loureiro, S. The role of the rural tourism experience economy in place attachment and behavioral intentions. International Journal of Hospitality Management, 2014 (7),1-9.

[258] Lovelock,C. H. Service marketing. Prentice Hall International,2000(4),79.

[259] MacCannell, D. Staged authenticity: Arrangements of social space in tourist settings. American Journal of Sociology,1973(3),589-603.

[260] Mano,H. & Oliver,R. L. Assessing the dimensionality and structure of the consumption experience: Evaluation, feeling, and satisfaction. Journal of Consumer Research,1993(3),51-466.

[261] Mathwick,C., Malhotra,N. K. & Rigdon,E. Experiential value: Conceptualization, measurement and application in the catalog and internet shopping environment. Journal of Retailing,2001(1),39-56.

[262] Mathwick,C., Malhotra,N. K. & Rigdon,E. The effect of dynamic retail experiences on experiential perceptions of value: An internet and catalog comparison. Journal of Retailing,2002(1),51-60.

[263] Mazumdar, S. Religion and place attachment: a study of sacred places. Journal of Environmental Psychology,2004(3),385-397.

[264] McAlexander, J. H., Schouten, J. W. & Koenig, H. F. Building brand community. Journal of Marketing,2002(1),38-54.

[265] McDougall, G. H. & Levesque,T. Customer satisfaction with services: Putting perceived value into the equation. Journal of Services Marketing,2000(5),392-410.

[266] McKercher,B. Differences between tourism and recreation in parks. Annals of Tourism Research,1996(3),563-575.

[267] Moore, R. L. & Graefe, A. R. Attachments to recreation settings: The case of rail-trail users. Leisure Sciences,1994(1),17-31.

[268] Morgan,P. Towards a developmental theory of place attachment. Journal of Environmental Psychology,2010,30,11-22.

[269] Moscardo, G. Shopping as a destination attraction: An empirical examination of the role of shopping in tourists destination choice and experience. Journal of Vacation Marketing,2004(4),294-307.

[270] Muniz, A. M. & O'guinn, T. C. Brand community. Journal of Consumer Research, 2001(4), 412–432.

[271] Murray, D. & Howat, G. The relationships among service quality, value, satisfaction, and future intentions of customers at an Australian sports and leisure centre. Sport Management Review, 2002(1), 25–43.

[272] Murray, J. B. & Ozanne, J. L. The critical imagination: Emancipatory interests in consumer research. Journal of Consumer Research, 1991(2), 129–144.

[273] Murray, K. B. & Schlacter, J. L. The impact of services versus goods on consumers assessment of perceived risk and variability. Journal of the Academy of Marketing Science, 1990(1), 51–65.

[274] Naylor, G. How consumers determine value: A new look at inputs and processes. The University of Arizona, 1996.

[275] Ning, W. Rethinking authenticity in tourism experience. Annals of Tourism Research, 1999(2), 349–370.

[276] Oh, J. Y., Cheng, C. K. & Lehto, X. Y. Predictors of tourists shopping behavior: Examination of socio-demographic characteristics and trip typologies. Journal of Vacation Marketing, 2004(4), 308–319.

[277] Oliver, R. L. & Burke, R. R. Expectation processes in satisfaction formation: A field study. Journal of Service Research, 1999(3), 96–214.

[278] Parasuraman, A. & Grewal, D. The impact of technology on the quality-value-loyalty chain: A research agenda. Journal of the Academy of Marketing Science, 2000(1), 168–174.

[279] Park, C. W., Jaworski, B. J. & MacInnis, D. J. Strategic brand concept-image management. The Journal of Marketing, 1986(5), 135–145.

[280] Park, C. M. & Lennon, S. J. Brand name and promotion in online shopping contexts. Journal of Fashion Marketing and Management, 2009(2), 149–160.

[281] Pearce, D. G. Tourist districts in Paris: structure and functions. Tourism Management, 1998(1), 49–65.

[282] Peñaloza, L. Consuming the American west: Animating cultural meaning and memory at a stock show and rodeo. Journal of Consumer Research, 2001(3), 369–398.

[283] Peter, J., McGoldrick. & Christors. P. Atmospherics, Pleasure and Arousal: The Influence of Response Moderators. Journal of Marketing Management, 1998(12), 173–197.

[284] Peterson, R. A. In search of authenticity. Journal of Management Studies, 2005(5), 1083–1098.

[285] Petrick, J. F. & Backman, S. J. An examination of the determinants of golf travelers satisfaction. Journal of Travel Research, 2002(3), 252–258.

[286] Petrova, S., Cihar, M. & Boezarovski, S. Local nuances in the perception of nature protection and place attachment: a tale of two park. Royal Geographical Society, 2011(3), 327–335.

[287] Pine & Gilmore. Welcome to the experience economy. Harvard Business Review, 1998(76), 97–105.

[288] Pine & Gilmore. Welcome to the experience economy. Health Forum Journal, 2001 (5), 10–16.

[289] Proshansky, H. M., Fablan, A. K. & Kaminoff, R. Place identity: Physical world socialization of the self. Journal of Environmental Psychology, 1983, 3, 57–83.

[290] Pritchard, M. P., Howard, D. R. & Havitz, M. E. Loyalty measurement: A critical examination and theoretical extension. Leisure Sciences, 1992(2), 155–164.

[291] Ravikissoon, H., Grahamsmithl, D. & Weiler, B. Testing the dimensionality of place attachment and its relationships with place satisfaction and pro–environmental behaviors: A structural equation modelling approach. Tourism Management, 2013(6), 552–566.

[292] Ravikissoon, H., Smith, L. D. & Weiler, B. Relationships between place attachment, place satisfaction and pro–environmental behavior in an Australian national park. Journal of Sustainable Tourism, 2013(3), 434–457.

[293] Reichheld, F. F. & Sasser, W. E. Zero defections: Quality comes to services. Harvard Business Review, 1990(5), 105–111.

[294] Rob, Law. & Norman. Relationship modeling in tourism shopping a decision rules induction approach. Tourism Management, 2000(1), 241–249.

[295] Rodie, A. R. & Kleine, S. S. Customer participation in services production and delivery. Handbook of Services Marketing and Management, 2000, 111–125.

[296] Ross, G. F. Destination evaluation and vacation preferences. Annals of Tourism Research, 1993(3), 477–489.

[297] Ruback, B., Pandey, J. & Kohli, S. Evaluations of a sacred place: Role and religious belief at the Mlagh Mlela. Journal of Environmental Psychology, 2008(2), 174–184.

[298] Ruyter, K., Wetzels, M., Lemmink, J. & Mattson, J. The dynamics of the service de-

livery process: A value-based approach. International. Journal of Research in Marketing, 1997(3), 231-243.

[299] Ryan, R. M. & Deci, E. L. Self-determination theory and the facilitation of intrinsic motivation, social development, and well-being. American Psychologist, 2000(1), 68-78.

[300] Ryu, K., Han, H. & Kim, T. The relationships among overall quick-casual restaurant image, perceived value, customer satisfaction, and behavioral intentions. International Journal of Hospitality Management, 2008(3), 459-469.

[301] Sanchez, J., Callarisa, L., Rodriguez, R. M. & Moliner, M.A. Perceived value of the purchase of a tourism product. Tourism Management, 2006(3), 394-409.

[302] Scannel, L. & Gifford, R. Defining place attachment: A tripartite organizing framework. Journal of Environmental Psychology, 2010(9), 1-10.

[303] Schmitt, B. H. Experiential marketing: How to get customer to sense, feel, think, act, and relate to your company and brands. New York: The Free Press, 1999.

[304] Sheth, J. N., Newman, B. I. & Gross, B. L. Why we buy what we buy: A theory of consumption values. Journal of Business Research, 1991(2), 159-170.

[305] Snepenger, D. J., Murphy, L. & Connell, R. Tourists and residents use of a shopping space. Annals of Tourism Research, 2003(3), 567-580.

[306] Soyoung, K. & Mary, A. L. Souvenir buying intentions for self versus others. Annals of Tourism Research, 2001(3), 638-657.

[307] Sweeney, J. C. & Soutar, G. N. Consumer perceived value: The development of a multiple item scale. Journal of Retailing, 2001(2), 203-220.

[308] Taylor, S. A. & Baker, T. L. An assessment of the relationship between service quality and customer satisfaction in the formation of consumers purchase intentions. Journal of Retailing, 1994(2), 163-178.

[309] Valarie, A. Z. Service, quality, profitability, and the economic worth of customers: What we know and what we need to learn. Academy of Marketing Science Journal, 1988, 28, 70.

[310] Vaske, J. J. & Kobrin, K. C. Place attachment and environmentally responsible behavior. The Journal of Environmental Education, 2001(4), 16-21.

[311] Vincent, C. S., Heung. & Hailin, Qu. Tourism shopping and its contributions to Hong Kong. Tourism management, 1998(4), 383-386.

[312] Waitt, G. Consuming heritage perceived historical authenticity. Annals of Tourism

Research, 2000(4), 835-862.

[313] Walker, A. & Ryas, R. Place attachment and landscape preservation in rural New England: a Maine case study. Landscape and Erban Planning, 2008(2), 141-152.

[314] Waller, J. & Lea, S. Seeking the Real Spain? Authenticity and Motivation. Annals of Tourism Research, 1999(1), 110-129.

[315] Wheatley, J. J., Chiu, J. S. & Goldman, A. Physical quality, price, and perceptions of product quality-implications for retailers. Journal of Retailing, 1981(2), 100-116.

[316] Williams, D. R & Roggenbuck, J. W. Measuring place attachment: some preliminary results. Leisure Research, 1989(2), 12-15.

[317] Williams, D. R., Patterson, M. E. & Watson, A. E). Beyond the commodity metaphor: Examining emotional and symbolic attachment to place. Leisure Sciences, 1992(1), 29-46.

[318] Wong, J. & Law, R. Difference in shopping satisfaction levels: A study of tourists in Hong Kong. Tourism Management, 2003(4), 401-410.

[319] Woodruff, R. B. Customer value: The next source for competitive advantage. Journal of the Academy of Marketing Science, 1997(2), 139-153.

[320] Xu, Y. & McGehee, N. G. Shopping behavior of Chinese tourists visiting the United States: Letting the shoppers do the talking. Tourism Management, 2012(2), 427-430.

[321] Yang, Z. & Peterson, R.T. Customer perceived value, satisfaction, and loyalty: The role of switching costs. Psychology & Marketing, 2004(10), 799-822.

[322] Yuksel, A., Yuksel, F. & Bilim, Y. Destination attachment: effects on customer satisfaction and cognitive affective and native loyalty. Tourism Management, 2010(2), 274-284.

[323] Yong, K. S. & Leo, M. Preferences and trip expenditures: a conjoint analysis of visitors to Seoul, Korea. Tourism Management, 2005(3), 325-333.

[324] Zeithaml, V. A. Consumer perceptions of price, quality, and value: A means-end model and synthesis of evidence. The Journal of Marketing, 1988(2), 2-22.

作者简介

贾朋社，男，1981年生，三亚学院副教授、国际旅游管理博士，硕士生导师，海南省高层次人才，主要研究方向为旅游消费行为、旅游规划与开发、体育旅游、健康旅游等。近年来主持完成海南省哲学社会科学研究项目"国际旅游岛建设中基于期望理论的海南高校志愿者持续参与"、海南省教育厅科研项目"驱动海南健康旅游产业品质发展机制研究"、三亚市社科联重点科研项目"三亚候鸟人群休闲涉入、休闲效益、地方依恋与幸福感的影响研究"等，主持在研海南省哲学社会科学研究基地课题"民俗体育旅游助力乡村振兴战略的机制及路径研究"、海南省哲学社会科学规划课题"大学生参与离岛免税'套代购'问题研究"等，参与省级以上各类科研项目10余项，作为主讲教师参加和完成省级在线精品课程"旅游项目策划"建设。作为项目负责人，主持完成了"三亚市体育旅游发展规划（2021—2035）""三亚市国家体育消费试点城市建设实施方案""三亚居民体育消费调查研究""三亚市天涯区立新村、抱前村、扎南村乡村旅游规划（2020—2030）""引进和使用海外人才问题研究——以三亚为例""压实党委（党组）主体责任精准引领党支部建设""促进农民增收助力乡村振兴调研报告"等多个地市横向委托项目。

徐晴，男，1978年生，高级经济师，公共管理学博士。现任中教华影电影院线股份有限公司副总经理，中国经济体制改革研究会理事，北京电视艺术家协会短视频工作委员会副会长，《中国改革开放大事记》编委。近年来，主要研究方向为文化传媒行业公司治理和经营管理，出版专著《中小学校长职业化研究》和译著《国家竞争力》(合译)等，发表《企业职能部门绩效量化考核的难点及其突破》、《文化企业的发展策略》、《论校园电影院线商业模式的重构》、《旅游视频助推海南国际旅游消费中心建设的策略研究》(第二作者) 等数篇论文。